心の栄養

いつでも、どこでも、だれにでも。プチハッピーは溢れている！

西尾光夫

初めまして、DJ西尾です。

現在60才。15年ぐらい前から何度となく様々な人から求められる事があります。


【本を書いて！】と。


別にたいそうな学歴もなく資格もない私が何を書けばいいのかを聞き返してみました。

すると、友人や後輩は、私が「普段思っている事」や「普段言っている事」が本で読めたら良いと言ってくれました！

確かに、私は自分の行動で「人が歓喜したり」「熱く感動したり」「元気な笑顔になったり」したらいいな♪といつも考えています。


その始まりは、小学6年生の頃。

当時、私のクラスでは、「給食の時間を楽しく過ごそう」と担任の先生の発案で、1日1班が交代で「なぞなぞ」や「手品」「ものまね」などの出し物をしていました。

私の班は恥しがり屋が多く、何も出し物が決まらなかったので、仕方なく、班長である私が当時の人気女性歌手の歌を歌いました。

モノマネではなく、高音部分は苦しくなりながらも必死に歌いました。

すると、教室には拍手と笑顔があふれて、翌日も私にリクエストがかかるようになりました。

褒められると調子に乗るタイプだったのか、声がかかるたび班に関係なくずいぶん歌っていた気がします。

そして、小学校の謝恩会。
各クラス1つずつの出し物は「指人形劇」に決まったのに、担任の先生が
「一番うちのクラスらしいのは、給食の時間の西尾の歌だろ！」
と言い出し、私のクラスだけなぜか2つの出し物をする事になりました。

当日は、1組から順番に出し物が行われました。

私のクラス3組の「指人形劇」が終了し、ひとりで体育館舞台のそでに居た私は、照明係の同級生と目で合図をし、舞台に向かいました。

（もちろん、私はこの出番が決まった数ヶ月前から自宅の「すし屋」2階で練習し、時には兄貴の友人を招いてのリハーサルも行っていました。）

曲は、その小学校の象徴である「大きなくすの木」と卒業と思い出を合わせて考え、選びに選んで、岩崎宏美の「思い出の樹の下で」に決めました。

体育館ステージ中央に位置するとスポットライトを浴びて軽く一例し、軽く呼吸をして何の伴奏もなく笑顔で歌い始めました。

サビの部分を繰り返し、ひたすら大きな声で歌った記憶があります。

みんなに思い出を伝えたかったのでしょう。

歌い終わると体育館全体に拍手が起こっていました。

かなり充実して、嬉しかったことを今でも覚えています。

この時の私に、担任の先生が「きっかけ」をくれたのです。


その後、高校時代・専門学校時代・調理師時代・TDL時代・ベルボーイ時代・ヴェルディ時代・日テレ時代と様々な場所で、たくさんの人からたくさんの「きっかけ」をいただきました。

もちろん、これからもいただくでしょう。


私のモットーである「熱く!明るく!楽しく!」を実行するたびに「人が歓喜したり」「熱く感動したり」「元気な笑顔になったり」それが楽しくて、嬉しくてたまらないです。

過去の事も含めて「普段感じて思った事」や「いつも言っている事」を書いてみます。

このブログを読む事で、私の言葉が皆さんの「きっかけ」になればと思います。
もちろん、携わるすべての人が楽しくなる「きっかけ」ですよ！

こんにちは、DJ 西尾です。

私に大事なきっかけを与えてくれました♪

目　次

第1章：西尾的思考

第2章：心の栄養

第3章：240語録

第4章：人材育成について

第5章：イベント運営について

Nishio's mind

第1章：西尾的思考

①「視野を広げる」とは「〇〇する」ということ

よく「視野を広く」と言いますが、どうすれば視野が広くなるのでしょう?
視野が広いと、どんな効果があるでしょう?
集中すればするほど、五感は研ぎ澄まされて何かを感じる事は出来ると思います!
ここで大切なのは、「何に集中するか」ではないでしょうか?

または、「何の為に集中するのか」とも言えますね!例えば……

①来場者参加型のイベント開催中において、スタッフがトイレの場所を聞かれてすぐ近くにあるのに答えられない状態
②大勢のスタッフが使用する控え室において、ゴミ箱が見つけられずにその場に放置してしまう、または新たにゴミ箱を設置してしまう状態

この2点において、いずれも「視野が狭い」と言える状態ですが……
①は勉強不足! ②は探す努力を惜しんでいる、または決め付けて諦めている!

「集中力」と「視野を広げる」この2つは違うようでいて一緒についてまわる言葉なのかもしれません！

「視野を広げる」という事は、「気にする」事だと思います！

仕事やスポーツなど人が生活する上で一番大切なのは、事故無く！怪我なく！の「安全」です。
その「安全」を守る為に
「あそこ大丈夫かな？」「あれは伝えたかな？」「あそこはこうしておこう」
「あんな事が起こるかも知れないから、調べておこう」
などと、気にすれば自然と「視野は広くなる」と思います。

それには「何をする為に自分はこの場所に居るのか？」を考え、常にゴールや完成した状態をイメージしておく事が大切です。

「視野を広げる」＝「気にする」につながると思います。

フクロウは首が回るので、

広い視野で物事を見ていますね♪

DJ 西尾のパワーチャンネル

『vol.2　ブログ 3 の軽快なトーク』

Ｎマジック株式会社の

コーポレートキャラクターは

【ふくろう】です♬

② 西尾の考える「喜怒哀楽」とは……

感情を表現する方法として「喜怒哀楽」という言葉があります。
私がイベント業務を長く担当させて頂いている中で大切にしている言葉でもあります。
心得研修講師としてスタッフに対して伝えている事を紹介します。

イベント業務とは別名「感動産業」とも言います。

マニュアル通りで上司から言われた事をロボットのように繰り返し言動する事はエンターテインメント運営とは言えません。それに、お客さんとして自分が遊びに出かけて運営スタッフがそんな無機質な対応をしていたら楽しいですか?……楽しくないですよね。非日常な空間の中において心が動くひとときを感じる事がまさにエンターテインメント運営を遂行しているとなります。そこで、人間の感情を表現する方法として、「喜怒哀楽」があります。「喜・怒・哀・楽」には1語1語の意味があります。

まず「喜怒哀楽」の「喜」は、歓喜の「喜」と言います。歓喜とは、思いもよらず心が熱くなってしまい急に

１人で雄叫びをあげてしまう状態を言います。

続いて「喜怒哀楽」の「怒」とは、怒りや苛立ちの「怒」になります。その怒りは、他人にぶつけるものではなく「どうして出来なかったのか？」「なぜあの時気付けなかったのか？」といった具合に自分に対してぶつける感情です。

そして「喜怒哀楽」の「哀」とは、哀しみの「哀」ですね。この哀しみとは、物事が終わる事を認める意味です。さよならを言う勇気、無くなる事を認める勇気ですね。

最後に「喜怒哀楽」の「楽」です。この「楽」とは、集合体において１人だけ手を抜いていたり、ある一部の人達だけが楽しんでいる「内輪乗り」ではなく「みんなで楽しむ」事です。

この「喜怒哀楽」の感情を表現する事で、周りから見ていてもわかりやすいし付き合いたくなるのだと思います。但し、意識するのは良いですが、演じるのではなく素直に表現する事が大切です。あくまでも私の主観です（笑）

『喜怒哀楽』があるって素晴らしい♪

会社 HP も随時、更新中♪

③「愛」について語る

「愛がある」……。「愛がない」……。

愛を持って接する！とても素敵な言葉ですね。しかしながら、目に見えない「愛」をどう表現するか？私はエンターテインメント運営において、心が動く事を大切にしています。ディレクターをしている時にスタッフに対して「愛情を表現」する時にはこんな話をします。

みなさん！「愛情」という素敵な言葉があり、この愛情を表現する為にどんな事をしていますか？

・愛の言葉・思いやりの言動・抱きしめる・プレゼント……様々な回答がありました。

では、続いて「愛情」の反対語は何だと思いますか？

・嫉妬・憎しみ・怒り……などとたくさん回答がありました。

そして、人にとって一番ツラい事はなんだと思いますか？

愛情の反対語だと思われる言葉がたくさん出ました。

私が思う「人にとって一番ツラい事」は【無視・無関心】だと思います。
例えマイナスな感情でも、関心を持ってもらえるなら、その後の努力や接し方や仲間の協力によってプラスに変わる時が来る可能性が高いと思います。

なので「愛情」とは、関心を持つ事＝気にする事だと思います。
仲間に!家族に!同僚に!恋人に!人に物に!出来事に!
関心を持ち気にしてみよう♪

無視・無関心でない言動はすべて「愛情」です!
逆に、縁を切るには「無視・無関心」です。
しかし、過剰な関心は「気にし過ぎ」なので、程よい感じがいいですね!
このバランスが難しい……。

愛をもって育ててもらいました♪

DJ 西尾のパワーチャンネル

『プチハッピーはあなたのエネルギー♬』

④「忙しい」という言葉を使っていませんか？

普段の生活において「忙しい」という言葉を自分で使うだけでなく、よく耳にしますよね。この忙しいという言葉の意味を自分なりに考えた事があります。

「忙しい」と言っている人はどんな表情や態度をしていますか？
・顔つきは険しい・目線も合わせてくれない・口調もキツイ・慌ただしく動いているだと思います。

では、その「忙しい人」に声をかけて「忙しい」と言われた人はどんな気持ちや態度になると思いますか？
・あの態度はムカつく・声かけなければ良かった・もう声かけるのをやめようになると思います。

「忙しい」とは、「心」辺に「亡」と書きます。
まさに、心を亡くした態度をすると、声をかけてくれた人の心も亡くす事になるよ！の注意喚起で、どんな時も【心を亡くさないようにしよう】といったポジティブな言葉だと思います。

そう思ってから、チームで仕事をしている時は、「忙しい」という返事としての言葉は使わずに、自分が最優先すべき事をする時は、声をかけられない場所に行く事を心掛けています。

どうしても人と離れられない場所に居て声をかけられた時は、

「ごめん！今〇〇をしているので、クリアした後に私から声をかけるね」

「制限時間はある？」

などと答えるようにしています。

2019年にテレビ放送されたドラマ「同期のサクラ」で、この「忙しい」の言葉の意味を主人公が言っていたのを聞いた時、私の考え方は「それでいいよ♪」と言われたみたいで嬉しかったです。

『忙しい』って言い過ぎていませんか？

⑤ 言葉のチョイス

学生でも仕事でも集団活動を円滑に過ごす為に、自己紹介や相手の考え方や経緯を聞いてお互いを知りながら協力し合って行きますよね。出会いの中では「なんでこんな事するの？」「なんでそっちを選ぶの？」「なんでこうしないの？」といった自分の考えと違う部分と「やっぱりこうだよね」「こっちだよね」「当然こうするよね」などと、自分の考えと同じ部分があると思います。

家族であれば同じ風土での生活をする中、同じような食事をしてたくさんの会話や出来事があり同じ考え方になっていくことが多いのでしょう。

そんな中、兄弟や姉妹などの同性であっても年齢が違うだけで立場が変わり性格に違いが生まれ考え方も違ってきます。

それは両親の家系や育って来た生活や考え方から影響を受けている事もありますね。

家族の中では長い年月と会話と行動で、お互いが好きな事・得意な事・嫌がる事・怒る事などを見極めて知らぬ間に調整しているのでしょう。

時に、ある家庭では折り合いがつかずに家出や離婚になるのかもしれません。

だから、年齢が同じくして学校で出会う人や、年齢や性別はもちろん社歴がほとんど別の社内において、育った土地・時代・食事・性格が違う人の集団で仲良くなるのは時間がかかるだけでなく中々大変な事だと思います。

なので、前段で紹介したような自分と同じ部分が見つかれば仲良くやって行けると思いますが、ほとんどは自分と違う部分が目に付きます。

そこで私は、運営スタッフ１人１人の「目に付く部分」を「その人の特長」にする事を心掛けました。

それは「目に付く部分」を周りが同意出来ない部分であっても、当人が聞いて「嬉しい」と思える言葉のチョイスをする事です。

例えば、

「声が大きくてうるさい」→「声が大きくて元気」

「気にし過ぎて細かい」→「他人が気付かない事までよく見ている」

「違う意見ばかりで協調性がない」→「物事に対して独創性がある」

こうやって個々の目に付く部分を「その人の特長」として表現し、当人だけでなく周りにも伝えてチームを作っていました。

家庭から保育園・幼稚園、小学校・中学校・高校・大学、そしてアルバイト先や会社と、より多くの生活感や性格の違う人と出会って行きますよね。

自分と違う部分が目に付いた時「言葉のチョイス」を使って、その部分を「その人の特長」にしちゃいましょう。

すると、お互いが認め合う事に繋がり、お互いが必要となるチームになれるかも♪

MC の時も『言葉のチョイス』を大事にしています♪

⑥ 否定からは何も生まれない……

仕事で困っていた友人から相談を受けて、ちょうど私のパートナーが必要だったので一緒の現場で勤務してもらう事がありました。

イベントMCやイベント運営は、野外も多く業務内容が天候に左右して臨機応変な対応が不可欠な現場ばかりです。

もともとイベントとは「非日常な空間」を演出するもので、マニュアル通りに事は進まずに予期しない事が起きるものと私は思っています。

友人は私とも年齢が近く、転職も何度か行い様々な社会経験をしていたので、現場では臨機応変な対応も問題なかったのですが、移動や現場で一緒に居る時間が増えると気になる言動がありました。それは、

・せっかくの日なのに、なんで雨降るかな〜！
・どうしてこんなに風がつよいんだよ！
・寒いからムカつく！
・暑くてイライラする！

といった具合に「天候に文句を言う事」が多いということです。

そこで私は、

「今日の天候には意味があって、どのように対応するかで自分の経験値も上がるし、その言動でポジティブな雰囲気を作れると思う。だから俺は天候を受け入れてお礼を言っているよ。文句を言われた空も気分は良くないと思うし！」

と自分の考え方を伝えました。

友人は私の想いにうなずき、天候に文句を言うのを止めてくれました。

すると、準備も当日の現場でも「雨・強風・暑い・寒い……。から、こうしよう」と言った嫌みの無い言葉が生まれて、クライアントからも「彼に任せれば安心」との言葉を頂くようになりました。

私達の生活は、自分の力ではコントロール出来ない事ばかりです。

人間は私も含めて欲の塊なので、思い通りに行かないとイライラしたり落胆したり文句を言ったりします。

しかし、コントロール出来ない事にイライラして文句を言うのではなく、状況を受け入れる事で、身近なゴール地点の自分がなりたい姿や想像する素敵な状態の為に「では、今はこうしよう」と自主的にやる事が明確になります。

【否定からは何も生まれない、まずは肯定して行こう！】

その後友人は、スタッフの前でこの言葉を使ってくれる時があります（嬉）

どんな天候でも

『否定からは何も生まれない』

そんな気持ちを大切にしていきたい

ですね♪

⑦ 正しいことを正しいと言える

チームスポーツや複数で仕事を行う場合、目的をやり遂げる為、それぞれのポジションを全うして協力し合う事が求められると思います。

ポジションによって、体力・性格や技術・能力などの個性が活かされるそんな中、リーダーも含めて、様々なタイプの違う人が集まる時に最も大切な事は、「正しい事を正しいと言える事」だと思います。

思っていても言えない人は多くいると思うけど、正しい事の基準がそもそも違っていては目的にたどり着けないので、まずはチームとしての目的の共通認識が必要だと思います。

「正」という漢字を自分なりに意味を考えてみました。

1画目：何のために動くのか目的を明確にする横線

2画目：目的に向かう道のりの縦線

3画目：道のりの中間地点での確認の横線
4画目：もしかしたらの別の道のりの縦線
5画目：今、動き出す現在地の横線

この5画が離れることなく接点があるから、「正」という文字が出来上がります。


1画目の横線が無いと「止」になるから、目的が明確でないなら止めるべき。

1画目と4画目が無いと「上」になるから、目的と「もしかしたら」を忘れて上だけを見ている状態。

4画目と5画目が無いと「下」となり、「もしかしたら」と初心を忘れ、3画目の横線は「確認を忘れているよ」と目的から確認地点に向かっている。

2画目の道のりが無ければ目的にたどり着けないだけでなく文字にもならない。

4画目までを明確にしていても動き出すのは自分の意志なので5画目が無ければ文字にならない。


このように「正」という漢字は、1画が欠けると別の意味になってしまいます。

誰もが「正しい」とわかっていても、様々な欲や立場や性格で「出来ない・言えない」はあると思います。

そんな時に、自分勝手ではなく「正しい事を正しいと言える」勇気を持っている人は凄い能力だと思います。

私もこの能力を持っている人から手を差し伸べてもらい、時には背中を押してもらっています。

チームとして、それぞれのポジションが役割を果たす事で目的をやり遂げる。

その時に「正しい事を正しいと言える」能力は、必要不可欠なポジションだと思います♪

『正』の意味合いが分かると

ひとつひとつのポジションの大切さも

見えてきますね♪

⑧ 人との出会いに無駄はない

昭和・平成・令和と年号が変わるごとに、必要最小限の人と会うだけで生活が出来る世の中に変化していると感じています。

しかし、時代の変化があっても人が集まる学校や仕事場に所属していると新たな人と出会う機会は多いですね。

また、新たに出会う人の中でも考え方・立場などはそれぞれで1人として同じではないと思います。


その出会いの中で、嫌な思いをした事はありませんでしたか？

嫌な思いとは精神的な苦痛と肉体的な苦痛ですね。

私も何度となく経験していますが、乗り越える方法があります。


それは「人との出会いに無駄はない」と思う事です！

自分を否定してしまうとすべてが嫌になります。

また、義務教育中や自分で生活費を稼ぐ事が出来ない幼き頃は知識や経験値も浅く、家族を否定すると生活が出来なくなりますよね。

だから仕方がないのかもしれませんが、生活していく為に、自分に対しても家族に対しても「これぐらいはイイよね」と「許す事」で次の日を迎えるようにしていたと思います……。

ただし、他人になると「これぐらいはイイよね」と「許す事」が出来ない時があります。それは、その他人の行為によって自分の生活に支障をきたす時です。

許せない時は「提案・修正・強制」などを試みてみますが、改善への方向性が見えない時は「もう二度と会わなくてもいい」と無視・無関心になり移動・転職などと関係性を絶ちますね。しかし、嫌な思いは残ります。

そこで、嫌な思いや出来事を無駄にしない方法とは、自分の経験にしてしまう事です。

「あの人の言動で私は嫌な思いをした。だから、私は他人に対してあの人のような言動をしない」

そうです！嫌な出来事を忘れずに反面教師にするのです。

新たに出会う人には２種類の「自分にないものを持っている」があると思います。

①足りない部分を補い合える。

②反発し合い第３者にも危害を与えてしまう。

この2種類の出会いにおいて、二度と会いたくない出来事があった場合は、自分が他人にやってしまう前に教えてくれた！と思えば無駄な出会いでなくなります！

私との出会いが無駄だと淘汰されないように、相手から求められて足りない部分を補う事が出来る能力を磨き、必要とされる自分で居たいです（笑）

出会ったご縁にはひとつも無駄はない♪

⑨「思いやり」と「思い込み」

「思いやり」という素敵な言葉があります。

そして似ているけどマイナスな意味で使われる「思い込み」という言葉があります。

私は研修や運営において「人にも物にも思いやりのある行動や言葉使いをしよう」と言っています。

そこで、スタッフ個々に話しかける終礼やちょっとした会話の返答で、
・「みんな思っていますよ」
・「西尾さんも思っていますよね」・「普通○○の方がいいじゃないですか」などと決めつけた言葉が出る事がありました。

すると、何でも気にする私の「違和感アンテナ」が反応して、

「みんな」って誰と誰？「私はそんな事を思っていないけど、いつ言っていた？」

「普通って？何に比べて○○の方がいいの？」と優しく聞き返しています（笑）

気づきました!!

調べる事もなく聞いた訳でもなく「自分だったら」といった一人称の思いで動き発言する事が「思い込み」。

常に相手の想いを聞く会話を重ね、立場や経験によって十人十色の想いの変化がある事を理解し、対象者が求めて望んだ痒い所に手が届くさりげない二人称の言動が「思いやり」だと思いました。

一人称の「思い込み」言動を受けた対象者は残念ながら「ありがた迷惑」になり、対象者の気まずい態度から本人は「良かれと思って」や「せっかく〇〇したのに」と感じ、お互いが嫌な思いをします。

二人称の「思いやり」言動を受けた対象者からは自然と「ありがとう」が生まれ、お互いが幸せな気持ちになります。

「思いやり」の言動は、幼き頃は家族の行動や会話から知らぬ間に身に付き、学生時代は先生や先輩など年齢を重ねた人、さらに自分と違う土地や家庭で生まれ育った同級生や後輩との日常会話や生活から養えるものだと思います。

もちろん社会人になってから同期・先輩・上司・取引先と「共通目的を明確」にする仕事への取り組み姿勢の中で、意識して身に付ける事が出来ると思います。

一人称の「思い込み」ではなく、痒い所に手が届く二人称の「思いやり」ある言動をする自分でありたいです♬

似ているようで正反対の『思いやり』と『思い込み』。

2つの違いを理解して

『思いやり』に満ちた自分で居たいですね♪

DJ 西尾のパワーチャンネル

『vol.14　二人称の思いやり』

⑩　シンプルに評価

仕事でもプライベートでも厳しく対応されるより褒められた方が嬉しいと思っています。

しかしながら「おだてられる」のは好きではありません。

心の底から想う「イイな！」や唯一無二の「変ではなく特長」として認めて頂けた評価は有難いです。


学生時代は点数で評価される事が多かったと思います。
・筆記系テストでは、出題された問題に対しての正解数
・運動系テストでは、平均数値より上か下かでの優劣
・感性系テストでは、子供らしい（初々しい）やわかりやすいなどの多数決

もちろん集団生活における個々の能力や性格を知る際の確認事として必要な方法だと理解しています。

人の生活環境や性格に違いがあるように指導を受ける人のタイプも様々です。
・厳しくされて反骨精神が刺激されて伸びる人
・ありのままを褒められて嬉しさから磨きをかける人

・ほっとかれて自分のマイペースだと発揮する人

本人と指導タイプがハマれば優れた結果が出て高評価に繋がり続ける事が出来ると思いますが、ハマらないと苦痛になり評価される状況の前に辞めてしまいますね。

勝ち負けで評価をするのは単純ですが、社会人になり多く携わってきたイベント業界において「勝つ」という部分で使われる「売上げ・集客・満足度」などの対象は曖昧になりがちですが失敗は「二度と依頼が来ない」とわかりやすいです。（笑）

しかしながら高評価なのに権力者の私利私欲や気分次第で「次の依頼が来ない」事もあり「評価ってなんだろう？」と思い考えました。

「評」：上下や凹凸がない平＋言う

「価」：太陽が沈む西＋人

単純に漢字を分解して、それぞれの意味を合わせてみると、

【評価とは……事前情報もなく色眼鏡や上から目線を無しに、物事が終わったコトに対して人が平べったい位置や立場で言う想いや数値】

だと思います。

日常生活において評価する側や評価される側も、シンプルに「嬉しい・楽しい・凄い・最高」と心が躍る言葉を素直に発する環境って良いですよね♪

評価は『人がするもの』
その評価に囚われ過ぎずに
いたいものですね♪

ＤＪ西尾の実績～ＭＣ編～

実施年	イベント名	継続年
1993 ～ 1997	「ヴェルディ川崎」サイン会各種イベント	1993～2000
1998	「ヴェルディ川崎」サイン会各種イベント	1993～2000
	「ヴェルディDJ」として場内限定番組担当（年間）	1998～2000
1999	「ヴェルディ川崎」サイン会各種イベント	1993～2000
	「ヴェルディDJ」として場内限定番組担当（年間）	1998～2000
	「ヴェルディ川崎」ファン感謝DAY	1999～2000
	「ヴェルディ川崎」ラモス選手引退試合	単発
2000	「ヴェルディ川崎」サイン会各種イベント	1993～2000
	「ヴェルディDJ」として場内限定番組担当（年間）	1998～2000
	「ヴェルディ川崎」ファン感謝DAY	1999～2000
2001	東京ヴェルディvsブラジル代表 / 親善試合	単発
2002	日テレ海の家「九十九里浜・本須賀海岸」イベント	2002～2004
	読売巨人軍「宮崎春季キャンプインフォメーションセンター」イベント	2002～2006
	全国高校サッカー選手権大会「日本テレビ社内懇親会」	2002～2019
	知的障害者サッカーW杯世界大会決勝	単発
2003	日テレ海の家「SEA ZOO」店長・イベント	2002～2004
	読売巨人軍「宮崎春季キャンプインフォメーションセンター」イベント	2002～2006
	全国高校サッカー選手権大会「日本テレビ社内懇親会」	2002～2019
	読売巨人軍「セカンドユニフォームチャリティー」イベント	単発
2004	日テレ海の家「4-tune」店長・イベント	2002～2004
	読売巨人軍「宮崎春季キャンプインフォメーションセンター」イベント	2002～2006
	全国高校サッカー選手権大会　「日本テレビ社内懇親会」	2002～2019
2005	読売巨人軍「宮崎春季キャンプインフォメーションセンター」イベント	2002～2006
	全国高校サッカー選手権大会「日本テレビ社内懇親会」	2002～2019
	日テレ 毎季節「GO！SHIODOMEジャンボリー」会場DJ＆ステージ	2005～2017,2019
2006	読売巨人軍「宮崎春季キャンプインフォメーションセンター」イベント	2002～2006
	全国高校サッカー選手権大会「日本テレビ社内懇親会」	2002～2019
	日テレ 毎季節「GO！SHIODOMEジャンボリー」会場DJ＆ステージ	2005～2017,2019
2007	全国高校サッカー選手権大会「日本テレビ社内懇親会」	2002～2019
	日テレ 毎季節「GO！SHIODOMEジャンボリー」会場DJ＆ステージ	2005～2017,2019
	「東京ヴェルディ」ファン感謝DAY	2007～2009
	東京ディズニーランド「ジャングルクルーズ船長OB会」ジャングル祭り	2007～2009
	「キリンビバレッジサッカーフィールド」専属場内DJ	単発
	「青学･慶応･立教ミスコレクション2007@渋谷マークシティ supported by ピクトイメージds」DJ	単発
	「第2回ロハスデザイン大賞2007・新宿御苑展」場内DJ	単発

実施年	イベント名	継続年
2008	全国高校サッカー選手権大会　「日本テレビ社内懇親会」	2002～2019
	日テレ「GO！GO！SHIODOMEジャンボリー」会場DJ＆ステージ	2005～2017,2019
	「東京ヴェルディ」ファン感謝DAY	2007～2009
	東京ディズニーランド「ジャングルクルーズ船長OB会」ジャングル祭り	2007～2009
	「ジャンプフェスタ」ぴえろブース　ステージイベント	2008～2010
	「ナショナル・タップDAY」	2008～2019
	「新小岩えきひろフェスティバル」	2008～2019,2022～2023
	「東京ドラゴンボート大会」実況及び場内DJ	2008～2019,2022～2023
	日テレ go!go! SHIODOME黄金週間「リポビタンD」サンプリング	単発
	日テレ水曜ドラマ「正義の味方」番組宣伝DJ	単発
	日テレ55「巨人戦DAY GAME 中継スペシャル」東京ドーム内イベントDJ	単発
	株式会社ぴえろ「制作３０周年懇親会」	単発
	「鎌倉大作戦!!JUMP EXPO’08」『NARUTO BEAT WAVE』ステージイベント	単発
	「SUZUKI パレット車両展示」	単発
	「鼠先輩記者発表＆ファンイベント」	単発
	「第1回　痛Gふぇすた　in お台場」学園祭実行委員会ステージイベント	単発
	インターネットラジオステーション「音泉。」“Radio学園祭実行委員会 第11回”	単発
	「GEISAI」カップリングイベント学園祭実行委員会イベント	単発
2009	「全国高校サッカー選手権大会　日本テレビ社内懇親会」	2002～2019
	日テレ「ワッショイ！」会場DJ＆ステージ	2005～2017,2019
	「東京ヴェルディ」ファン感謝DAY	2007～2009
	東京ディズニーランド「ジャングルクルーズ船長OB会 ジャングル祭り」	2007～2009
	「ジャンプフェスタ」ぴえろブース　ステージイベント	2008～2010
	「ナショナル・タップDAY」	2008～2019
	「新小岩えきひろフェスティバル」	2008～2019,2022～2023
	「東京ドラゴンボート大会」実況及び場内DJ	2008～2019,2022～2023
	「びわ湖ドラゴンボートレース　スプリント選手権大会」　実況及び場内DJ	2009～2010,2012
	「マイナビ就職EXPO」ZEALブース担当	2009～2010
	「ハマサイトの夏祭り」盆踊り大会	2009～2019
	「GEISAI」カップリングイベント学園祭実行委員会イベント	単発
	「ゴルフパートナー×ヴィクトリアゴルフ」査定システム導入記念イベント	単発
	レコチョク「伊藤由奈プロデュース“ぶっちゃけ座談会”」司会進行	単発
	地域の魅力セレクション2009 ～魅力 体験 再発見！きっと出会えるニッポンセレクション～	単発
	「エコプロダクツ2009」（財）古紙再生促進センターブース　イベント	単発
	「ZEAL Associate Corporation」　5周年（in 大江戸温泉）記念パーティ	単発
2010	全国高校サッカー選手権大会　「日本テレビ社内懇親会」	2002～2019
	日テレ「汐博」会場DJ＆ステージ	2005～2017,2019
	「ジャンプフェスタ」ぴえろブース　ステージイベント	2008～2010
	「ナショナル・タップDAY」	2008～2019
	「新小岩えきひろフェスティバル」	2008～2019,2022～2023
	「東京ドラゴンボート大会」実況及び場内DJ	2008～2019,2022～2023
	「びわ湖ドラゴンボートレース　スプリント選手権大会」　実況及び場内DJ	2009～2010,2012
	「マイナビ就職EXPO」ZEALブース担当	2009～2010
	「ハマサイトの夏祭り」盆踊り大会	2009～2019
	「新小岩　商交会まつり」会場DJ	2010～2019,2022～2023
	「第5回びわ湖ドラゴンボート1000m選手権大会」　実況及び場内DJ	単発
	日本女子サッカーリーグ　場外イベントMC 「プレナスなでしこリーグカップ2010」＆「なでしこリーグオールスター2010」	単発
	「ネオロマンス・イベント“10 YEARS LOVE”」　ステージイベント	単発

実施年	イベント名	継続年
2011	全国高校サッカー選手権大会　「日本テレビ社内懇親会」	2002～2019
	日テレ「汐博」会場DJ＆ステージ	2005～2017,2019
	「ナショナル・タップDAY」	2008～2019
	「新小岩えきひろフェスティバル」	2008～2019,2022～2023
	「東京ドラゴンボート大会」実況及び場内DJ	2008～2019,2022～2023
	「ハマサイトの夏祭り」盆踊り大会	2009～2019
	「新小岩　商交会まつり」会場DJ	2010～2019,2022～2023
	「ISF　出展社プレゼンテーション」	2011～2012
	「東京ヴェルディ　チャリティマッチ」　場内DJ	単発
	なでしこリーグ「日テレベレーザ公式戦」ハーフタイムショー	単発
	女子サッカー「日テレベレーザvsアーセナルレディース」チャリティマッチ場内DJ	単発
	「１００万円争奪　タカラッシュ！GP　in　東京湾」総合司会	単発
	「Lilbアルバム発売イベント“恋のGAL騒ぎ”」進行	単発
	「がんばろう浦安！スマイルアゲイン・プロジェクト」	単発
	「パークハウスつくば研究学園マンション」販促イベント DJタイム	単発
	「玉木宏　トークショー＠東京・大阪」イベント	単発
2012	全国高校サッカー選手権大会　「日本テレビ社内懇親会」	2002～2019
	日テレ「汐博」会場DJ＆ステージ	2005～2017,2019
	「ナショナル・タップDAY」	2008～2019
	「新小岩えきひろフェスティバル」	2008～2019,2022～2023
	「東京ドラゴンボート大会」実況及び場内DJ	2008～2019,2022～2023
	「びわ湖ドラゴンボートレース　スプリント選手権大会」　実況及び場内DJ	2009～2010,2012
	「ハマサイトの夏祭り」盆踊り大会	2009～2019
	「新小岩　商交会まつり」会場DJ	2010～2019,2022～2023
	「ISF　出展社プレゼンテーション」	2011～2012
	「ダノンネーションズカップ　地区大会」＆「決勝大会」場内	2012～2014
	「Fリーグ　春高フットサル大会」場内DJ	単発
	「JTB法人東京プレゼンツ　企業パーティー」	単発
	「企業パーティーDVD作成」ナレーション担当	単発
	「細貝萌・親子サッカー教室」	単発
	「タカラッシュGP　in　福島」	単発
2013	全国高校サッカー選手権大会　「日本テレビ社内懇親会」	2002～2019
	日テレ「汐博」会場DJ＆ステージ	2005～2017,2019
	「ナショナル・タップDAY」	2008～2019
	「新小岩えきひろフェスティバル」	2008～2019,2022～2023
	「東京ドラゴンボート大会」実況及び場内DJ	2008～2019,2022～2023
	「ハマサイトの夏祭り」盆踊り大会	2009～2019
	「新小岩　商交会まつり」会場DJ	2010～2019,2022～2023
	「ダノンネーションズカップ　地区大会」＆「決勝大会」	2012～2014
	「楽天イーグルス　日テレプラス販促イベント」	2013～2014
	「Station Ride in 南房総」場内DJ	2013～2015
	「びわ湖スモールドラゴンボート日本選手権大会」実況及び場内DJ	2013～2019,2023
	東京ディズニーランド「ジャングルクルーズ船長OB会 ジャングル祭り」	単発
	「東京ヴェルディ　ファンの集い」	単発
	bjリーグ「埼玉ブロンコス」シーズン壮行会＆後援会発足パーティー	単発
	月刊ヒーローズPresents「AKB48　川栄李奈」ガチ推し祭り	単発

実施年	イベント名	継続年
2014	全国高校サッカー選手権大会　「日本テレビ社内懇親会」	2002～2019
	日テレ「汐博」会場DJ＆ステージ	2005～2017,2019
	「ナショナル・タップDAY」	2008～2019
	「新小岩えきひろフェスティバル」	2008～2019,2022～2023
	「東京ドラゴンボート大会」実況及び場内DJ	2008～2019,2022～2023
	「ハマサイトの夏祭り」盆踊り大会	2009～2019
	「新小岩　商交会まつり」会場DJ	2010～2019,2022～2023
	「ダノンネーションズカップ　地区大会」＆「決勝大会」	2012～2014
	「楽天イーグルス　日テレプラス販促イベント」	2013～2014
	「Station Ride in 南房総」場内DJ	2013～2015
	「びわ湖スモールドラゴンボート日本選手権大会」実況及び場内DJ	2013～2019,2023
	「東京ヴェルディ　ホームゲーム会場前限定」お迎え＆お見送りDJ　（年間）	2014～2018
	日テレ「7daysチャレンジTV」	単発
	「大阪南港　ATCドラゴンボート大会」実況及び場内DJ	単発
2015	全国高校サッカー選手権大会　「日本テレビ社内懇親会」	2002～2019
	日テレ「超☆汐留パラダイス」会場DJ＆ステージ	2005～2017,2019
	「ナショナル・タップDAY」	2008～2019
	「新小岩えきひろフェスティバル」	2008～2019,2022～2023
	「東京ドラゴンボート大会」実況及び場内DJ	2008～2019,2022～2023
	「ハマサイトの夏祭り」盆踊り大会	2009～2019
	「新小岩　商交会まつり」会場DJ	2010～2019,2022～2023
	「Station Ride in 南房総」場内DJ	2013～2015
	「びわ湖スモールドラゴンボート日本選手権大会」実況及び場DJ	2013～2019,2023
	「東京ヴェルディ　ホームゲーム会場前限定」お迎え＆お見送り（年間）	2014～2018
	「ダノンネーションズカップ　決勝大会」場内DJ	2015～2017
	「アフラック　スポーツ ガーデン」会場DJ＆ステージ	2015～2018
	日テレ「行列の出来る法律相談所　足柄SA」	単発
	「巨人軍春季キャンプ・日テレジータス販促ブース」ステージ	単発
	「イクスピアリ・ゴーストハントツアー」支配人役として出演	単発
2016	全国高校サッカー選手権大会　「日本テレビ社内懇親会」	2002～2019
	日テレ「超☆汐留パラダイス」会場DJ＆ステージ	2005～2017,2019
	「ナショナル・タップDAY」	2008～2019
	「新小岩えきひろフェスティバル」	2008～2019,2022～2023
	「東京ドラゴンボート大会」実況及び場内DJ	2008～2019,2022～2023
	「ハマサイトの夏祭り」盆踊り大会	2009～2019
	「新小岩　商交会まつり」会場DJ	2010～2019,2022～2023
	「びわ湖スモールドラゴンボート日本選手権大会」実況及び場内DJ	2013～2019,2023
	「東京ヴェルディ　ホームゲーム会場前限定」お迎え＆お見送り　（年間）	2014～2018
	「ダノンネーションズカップ　決勝大会」場内DJ	2015～2017
	「アフラック　スポーツ ガーデン」会場DJ＆ステージDJ	2015～2018
	「東京ヴェルディ　ファミリーフェスタ」	2016～2017
	「巨人軍宮崎春季キャンプ」会場DJ＆ステージ	2016～2020
	「ゴールドリボンウォーキング」進行	単発

実施年	イベント名	継続年
2017	全国高校サッカー選手権大会　「日本テレビ社内懇親会」	2002～2019
	日テレ「超☆汐留パラダイス」会場DJ&ステージ	2005～2017,2019
	「ナショナル・タップDAY」	2008～2019
	「新小岩えきひろフェスティバル」	2008～2019,2022～2023
	「東京ドラゴンボート大会」実況及び場内DJ	2008～2019,2022～2023
	「ハマサイトの夏祭り」盆踊り大会	2009～2019
	「新小岩　商交会まつり」会場DJ	2010～2019,2022～2023
	「びわ湖スモールドラゴンボート日本選手権大会」実況及び場内DJ	2013～2019,2023
	「東京ヴェルディ　ホームゲーム会場前限定」お迎え&お見送り　（年間）	2014～2018
	「ダノンネーションズカップ　決勝大会」場内DJ	2015～2017
	「アフラック　スポーツ ガーデン」会場DJ&ステージ	2015～2018
	「東京ヴェルディ　ファミリーフェスタ」進行	2016～2017
	「巨人軍宮崎春季キャンプ」会場DJ&ステージ	2016～2020
	「巨人軍那覇春季キャンプ」会場DJ&ステージ	2017～2019
	「巨人軍GⅡプロジェクト」ステージ進行&試合中（年間）	2017～2019
	「JFA・キリンビッグスマイルフィールド」会場DJ	2017～2019
	「セ・リーグファンミーティング・巨人軍ブース運営」	単発
	「長嶋茂雄読売巨人軍終身名誉監督記念野球場」始球式	単発
	「キリンサッカーフィールドin神戸工場」（香川真司トークショー）	単発
	「楽天ジャパンオープン・楽天PRブース」	単発
2018	全国高校サッカー選手権大会　「日本テレビ社内懇親会」	2002～2019
	「ナショナル・タップDAY」	2008～2019
	「新小岩えきひろフェスティバル」	2008～2019,2022～2023
	「東京ドラゴンボート大会」実況及び場内DJ	2008～2019,2022～2023
	「ハマサイトの夏祭り」盆踊り大会	2009～2019
	「新小岩　商交会まつり」会場DJ	2010～2019,2022～2023
	「びわ湖スモールドラゴンボート日本選手権大会」実況及び場内DJ	2013～2019,2023
	「東京ヴェルディ　ホームゲーム会場前限定」お迎え&お見送り（年間）	2014～2018
	「アフラック　スポーツ ガーデン」会場DJ&ステージ	2015～2018
	「巨人軍宮崎春季キャンプ」会場DJ&ステージ	2016～2020
	「巨人軍那覇春季キャンプ」会場DJ&ステージ	2017～2019
	「巨人軍GⅡプロジェクト」ステージ進行&試合中（年間）	2017～2019
	「JFA・キリンビッグスマイルフィールド」会場DJ	2017～2019
	「巨人軍GⅡプロジェクト　弘前・青森遠征」会場DJ&ステージ	単発
	「ジーコが玉野にやってくる講演」会場DJ	単発
	「オクトーバーフェスト日比谷　JRA販促ステージ」	単発
2019	全国高校サッカー選手権大会　「日本テレビ社内懇親会」	2002～2019
	日テレ「超☆汐留パラダイス」会場DJ&ステージ	2005～2017,2019
	「ナショナル・タップDAY」	2008～2019
	「新小岩えきひろフェスティバル」	2008～2019,2022～2023
	「東京ドラゴンボート大会」実況及び場内DJ	2008～2019,2022～2023
	「ハマサイトの夏祭り」盆踊り大会	2009～2019
	「新小岩　商交会まつり」会場DJ	2010～2019,2022～2023
	「びわ湖スモールドラゴンボート日本選手権大会」実況及び場内DJ	2013～2019,2023
	「巨人軍宮崎春季キャンプ」会場DJ&ステージ	2016～2020
	「巨人軍那覇春季キャンプ」会場DJ&ステージ	2017～2019
	「巨人軍GⅡプロジェクト」ステージ進行&試合中（年間）	2017～2019
	「JFA・キリンビッグスマイルフィールド」会場DJ	2017～2019
	「尾山台商店街　おやまだい大運動会」	2019,2022～2023
	「ZEAL Associate Corporation」15周年（クルーズ）　記念パーティ	単発

実施年	イベント名	継続年
2020	「巨人軍宮崎春季キャンプ」会場DJ＆ステージ	2016～2020
2021	「お家でアフラック　スポーツ ガーデン」収録動画	単発
2022	「東京ドラゴンボート大会」実況及び場内DJ	2008～2019,2022～2023
	「新小岩えきひろフェスティバル」	2008～2019,2022～2023
	「新小岩　商交会まつり」会場DJ	2010～2019,2022～2023
	「尾山台商店街　おやまだい大運動会」	2019,2022～2023
	「ドラゴンボート海の森オープン」実況及び場内DJ	2022～2023
	【JR東海「推し旅」特別巨人戦観戦ツアー】(東京ドームNZKルーム)	単発
2023	「東京ドラゴンボート大会」実況及び場内DJ	2008～2019,2022～2023
	「新小岩えきひろフェスティバル」	2008～2019,2022～2023
	「新小岩　商交会まつり」会場DJ	2010～2019,2022～2023
	「びわ湖スモールドラゴンボート日本選手権大会」実況及び場内DJ	2013～2019,2023
	「尾山台商店街　おやまだい大運動会」	2019,2022～2023
	「ドラゴンボート海の森オープン」実況及び場内DJ	2022～2023
	【JR東海「推し旅」高校サッカー準決勝　特別席観戦&北澤豪さんと裏側見学ツアー】(国立競技場)MC	単発
	大阪産業大学オープンキャンパス2023「DAISAN トークセッション」進行	単発
	「日藤祭・開会式」2日間　進行	単発
	「クリアソン新宿」場外イベント(国立競技場)	単発
	「OPG Purpose Day」会場DJ	単発

nourishment
of the mind

第2章：心の栄養

① 適材適所

年齢・性別、さらには性格が違う私達「人」には、それぞれの特徴がありますね。
容姿で言えば【背が高い/低い・太っている/痩せている・年齢が若い/年を取っている】
性格で言えば【明るい/暗い・派手/地味・大雑把/几帳面・気にしない/気にする】
集団生活や集団行動をすると、このように個々の特徴が見えて来ます。

私は、幼少の頃から何事も「気にする子」だったみたいで、自分の発言や人の言動をよく覚えていて「なんで?」と思いながら自分なりに答えを探すタイプでした。

その性格が災いしたのか、20代の頃の職場において「なんで使った物を元の場所に戻さないのだろう」「なんで人が嫌がる言い方をするのだろう」などと思いながらも、対象者には意見は言えず、「気付いた自分が元の場所に戻せばいい」とか「自分がされて嫌な思いをする言葉使いはやめよう」と生活しながらも、人の嫌な言動をいつまでも忘れる事なく引きずりイライラして神経性胃炎や十二指腸潰瘍などを患うなど、自分の身体を痛めてしまう時期もありました。

そんな時でもポジティブに続けていると「几帳面だね」とか「言葉使いが気持ちいい」などと言ってくれる仲間が現れた時は救われていた気がします。

また、ヴェルディーノ店長で棚卸しを行い本社の業務管理チームに提出する作業においては、「数字で不明な事が発生した時に他の店舗ではズレを埋めるまで時間がかかるけど、西尾さんは商品のやり取りした時の会話や伝票の書き方・保管場所など細かく覚えていてくれるので、すぐにズレが埋まり正確な資料が作れるから助かる」と言われました。

その時、私の細かな事を気にする性格や記憶力は役に立つんだ！と嬉しさを感じました。

野球・サッカー・バスケットボールなどの集団スポーツではポジションが明確でそれぞれの役割がありますよね。

個人スポーツでも団体戦になるとそれぞれの役割が発生します。

仕事においても、やり遂げるまでには様々な工程があり役割があります。

それを１人だけで行う事は不可能ではないけれど、クオリティの高いものにするにはやはり多くの時間が必要になってしまいます。

人には様々な性格や特徴がありますが、時にそれを理解してくれない人や場所が出てくるかもしれません。その状況を打破出来る人は素晴らしいけど、20才代の頃の私みたいに、イライラして自分を痛めつけないようにして欲しいです。

そんな時は、意固地にならず【その業務に携わるすべての人のＷＩＮな状態を目指し】今、自分が出来る事をポジティブに行ってみましょう。

すると、あなたの性格や特徴を「必要」とする人が現れて「適材適所」に収まり、結果は出ると思います。

それぞれの特徴がパズルのピースのように
重なることでひとつの絵が出来上がりますね♪

② 心のスペースについて

日テレ季節限定イベント会場で、訪れるすべての来場者の満足度向上のお手伝いとしてトークと音楽を組み合わせた会場ＤＪとスタッフ育成を兼務で担当させてもらっていました。

それ以前に担当させて頂いたプロサッカー公式戦での会場ＭＣやトークショーＭＣとは違って進行台本はありません。無料のイベント会場に訪れる人は、近隣居住者の通り道など、対象者の来場目的が「イベントを楽しむ」だけではないからです。

開催意図に合わせたブースや飲食のオススメ情報などを、時間帯や天候などで起こる集客変化と近隣居住者の気持ちを考えてトークや音楽をセレクトしていました。

そんな中、集客数が増加すると場所も人の心もスペースが少なくなりイライラ状態が発生します。

１つ目は「天気」

２つ目は「すんなりクリア出来ないゲーム結果」

３つ目は「不明な状態」
この３つを自分なりの対処方法も加えて伝えました。

人がイライラする時は大きく分けると３つあります。

１つ目は「天気」。

なんで暑いの？なんで寒いの？

日本は四季があるからこそ季節に合わせた楽しみ方が出来ます。「暑いなら涼しい場所に行く、冷たい飲み物やアイスを食べよう」「寒いなら建物の中や暖かい衣類を着よう」など人には調整する力があります。こうやって調整すると、この天気だからこその素敵な出会いや出来事があります♪


２つ目は「ゲーム結果」。

なんでうまく出来ないの？どうして失敗ばかり？

苦労なくクリアばかりでは記憶や印象にも残らずに時は過ぎるだけ、クリア出来ない事で様々な方法をチャレンジ出来るし、諦めない気持ちも芽生えます。そして何より苦労して得たクリアは、すんなりのクリアより嬉しさが大きいですね♪

3つ目は「不明な状態」。

なんで列が進まないの?行きたい場所はどこにあるの?いつ始まるの?

など今の置かれた状況を自分の考え方や力では打破できない時です。そんな時は、近くのスタッフに声をかけて下さい。ただし、スタッフは神様では無いのですべての事はわかりません。しかし皆さんと一緒に答えを探す力はあります。なので、怒り口調ではなく優しい口調でお願いしま〜す♪


このように会場内に伝えると、DJブースの私に向かってうなずきながら笑いかけてくれたりサムズアップポーズをしてくれたり、さらにスタッフからは「来場者からの声かけが優しいと幸せな気持ちで働けます」とも言われました。

嬉しかったな〜(^^

イライラした言動は、周りにイライラを与えます。

思い通りに行かない時こそ新たな喜びが生まれる時!

心のスペースを探して、見つからなければ仲間と話して聞いて一緒に作ってみよう♪

心のスペースを作って、

気持ちよく過ごそう♪

③　ポジティブな想い

1993年、日本でプロサッカーリーグのJリーグが開幕しました。

私は開幕時からヴェルディ川崎クラブショップ「ヴェルディーノ」で勤務し、7年間で店長やチーム職員・ホームゲームのスタジアムＤＪも担当させて頂きました。

その後、15年勤めた日テレ系子会社を退職してイベント会社に所属していた2014年、なんと東京ヴェルディ運営警備の責任者から依頼が入ったのです。

内容は、

「サポーターは12番目の選手としてホーム公式戦開催スタジアムに訪れてくれる大切な仲間たち。そのサポーターが試合前は【今日も来たよ♪】試合後は【また来るね♪】と勝敗に左右されずに笑顔で訪れる場所にしたい。その為に、スタジアムの外でお迎えとお見送りをする会場前ＤＪをして欲しい。試合開始前までの約3時間をトークと音楽でお迎え出来てヴェルディに思い入れがある適任者」

とのことで、私を指名してくれました。

ヴェルディに携わっていた7年間、グッズ開発販売・チケット営業・事業推進・スタジアムＤＪなど、どのポジションでもチーム・選手・サポーターの皆さんがヴェルディと出会えて良かった！サッカーというスポーツに出会えて良かった！と思って頂けるお手伝いが出来たら……。と思って本気で向き合っていました。

スタジアムＤＪから離れても有難い事にスタジアムＤＪアドバイザー、ファン感謝デーの司会を単発で担当させて頂ける時もありましたが、年間でお力添えが出来る会場前ＤＪの依頼は嬉しかったです。

「長年携わったヴェルディに恩返しが出来る！」と嬉しくて即答でＯＫさせて頂きましたが、同時に不安も生まれました。

ずいぶん離れている自分を覚えているサポーターはいるのだろうか？

また、会場前ＤＪという新企画を担当する新参者の私を今のサポーターは受け入れてくれるのだろうか？

そんなドキドキの中での会場前でしたが、スタジアムＤＪをしている当時から叫んでいた、勢いとお迎えの意味を込めて「Welcome to 味の素スタジア～ム！！」とトークと音楽の合間に連呼しながら来る日も来る日も進めました。

すると「この声は？西尾さんだ～」と覚えていてくれたサポーター！

当時ヴェルディーノで購入してくれたTシャツを見せてくれる方、店内で実施していた抽選会で当選した選手のスパイクなどを大事に保管している事。イベントや試合日に会っていた学生は、結婚して旦那さんと子供を紹介してくれました。

私を知らない仲間には「西尾さんってこういう人だよ!」とサポーター同士の繋がりで紹介してくれるなど、不安は吹き飛び、新たな素敵なひと時を頂きました。

試合後は、すべてのサポーターに来場の御礼と試合内容を振り返って、嬉しいシーンや悔しいシーン、さらには私が思うスポーツ(サッカー)の素晴らしさなどのトークをしながらお見送りをしていました。

時に、応援するチームが負けてイライラが抑えられずに厳しい言葉を発する人もいましたが、ほとんどのサポーターは「負けて悔しいけど見送りありがとう。また来るよ!」や「今日の結果は残念!だから次!次!西尾さん次のホームゲームも居るよね?」などと反応してくれるサポーターが多くて救われました。私は嬉しくて思わずそのサポーター達とハイタッチしました。

それから毎試合後の、見送り会場前DJの際はサポーターとのハイタッチが定番になり、勝敗に関係なく相手チームサポーターもハイタッチしてくれる時もありました。

サポーターは14年以上経ってもその時の物や出来事を大切にしてくれていました。

さらに、今の出来事を受け入れてポジティブに言動している私に共感してくれるなど、どんな仕事でも「何の為にこの仕事が発生し、何をすれば携わる方の満足度が上がるのか？」を考えて「今出来る事」を前向きに努力していれば報われると教えてもらえた気がします。

「ポジティブな想いや行動は、時が流れても色あせる事はない」と思います。

みなさんの『ポジティブな想い』に感謝でした♪

DJ 西尾のパワーチャンネル
『vol.10　ポジティブな想い』

④　この言葉に「救われた」

39才の時に日テレ子会社の事業部に所属していました。

12月～1月は高校サッカー・2月は巨人宮崎キャンプ・6月～8月は海の家の運営を担当して1年の約半分は現地に出張していました。


ある日、宿泊で強制参加の会社研修があり、研修工程を終えて社長や上司との親睦会があり私がトイレから帰ってきた際に、他部署の部長をしている元上司に廊下で待たれて長時間の説教を食らいました。

「お前は出張ばかりしてほとんど会社に居ない。会社の行く末を考えてないだろ。後輩社員の成長や契約社員の満期が来た時の後を考えてないだろ。社歴10年以上経過し、40才にもなろうとしているのに自分の好きな仕事しかしないなんてふざけるな！」

などと私の仕事姿勢と考え方を全否定され続けました。

私は、

「クライアントから自分が評価される事で次の仕事に繋がり会社の収入が上がる、仕事は個人ではなく仲間としているので後輩の経験値も上がり、私が担当していた業務を引き継いでいけば、仕事も人も会社の財産になる。結果的に今のクライアントからの評価はいずれ会社のものになる」と思って出張先の現場で向き合って来たのに、元上司には楽しそうに働く私の姿は気に入らなかったのでしょう。

しかし、その場で私の考えを伝えても聞き入れてはもらえず、言動のすべてを否定されたと感じた私はふさぎ込み、モヤモヤした日々を何日過ごしたでしょう……。

通常と違う私に同僚は「気にしなくていい」と声をかけてくれました。それでもモヤモヤが晴れない私は当時仕事を一緒にして信頼していた読売巨人軍球団職員のKさんに相談する為、秋の宮崎県を訪ねました。

元上司から全否定された事をすべて話すとKさんは、

「もう全部話したか？では俺の考えを言うぞ。西尾は社会に出てどんな気持ちで仕事をして来たの？ディズニー、ヴェルディ川崎、高校サッカー、海の家、読売巨人軍など、お前はどんな現場でも『あの人はどう喜ぶかな？あの立場の人の満足度は何かな？』と思ってやって来たんじゃないか？それを実現して来ているから俺や多くの仲間と出会えたんだと思うよ。その元上司がお前に説教した意図はわからんが、【俺はお前と仕事がしたいし、必要だと思っている。俺が必要だと思うだけでは物足りないか？】」

と笑いかけてくれました。

すると私のモヤモヤは消えて、号泣しながらもなぜか笑っていました。

その日から、たとえ誰かに否定されても迷う事なくこれまで通りに「携わる人の喜びが自分の喜び」である事をポジティブに自然体で貫いています。

誰でも落ち込む時はありますね。

この時の私は「俺が必要だと思うだけでは物足りないか?」で救われました。

今でもあの言葉は胸が熱くなります。

⑤ 縁は異なもの味なもの

運営チーフや研修講師をしているとスタッフから嬉しい言葉をもらえる事があります。

「こんなに充実した日々を過ごせたのは初めて」

「話を聞いてくれる」

「1人ひとりと向き合ってくれている」

「また働きたい」

「意見を取り入れて実行させてくれる」

「失敗を取り戻すチャンスをくれる」

「人との向き合いがこんなに深くて楽しいものだと気付かせてもらえた」

「西尾さんみたいになりたい」

「自分の存在意義を見つけてくれた」

「お金を払ってでも受けたい経験を、給料もらって出来るなんて思わなかった」

まだまだ沢山頂きましたが、スタッフが選んで応募し採用された職場や研修のひと時を「来て良かった」と思ってもらう事が果たせていると嬉しく思います。

このような嬉しい言葉をもらうたびに私は感謝の気持ちで「ありがとう」と答えていますが、「もっと早く西尾さんに会いたかった」と言われた時は、感謝の言葉の前にこう言います。

「いやいや、もっと早く会っていたら、何この人？めんどくさい人？と思っていたかもよ！今回会えて嬉しいと感じたのは、今の君の足りない部分に、私の考え方や経験が必要だったのだと思う」

人は多くの人と出会います。しかし、どんなに会いたいと思っていても会えない事が多々あります。だから人との出会いは、自分にないものを持っている人と補い合う為に出会うもので、意味のあるものだと思えばタイミングもベストに思えます。

研修講師は聞いてくれる人が居なければ必要ありません。さらに、マニュアル対応のみならシステムを入力するだけで良いので私は要りません。

感情を持った人が集まるイベント運営は、感情を持った人が向き合う事が大切で、その感情をコントロールする力がイベント運営スタッフには必要だと思います。

感情をコントロールするのは、イベント運営だけでなくどんな仕事でも生活でも必要かもしれませんね。

【縁は異なもの味なもの】

中2の時に、担任の先生から聞いた言葉です♪

私は、すべての出会いを「味なもの」として1人ひとりに本気で向き合っています。
多少「口説くなる」のも味だと思ってもらえるように！（笑）

すべての【縁は異なもの味なもの】♪

DJ 西尾のパワーチャンネル

『vol.19　すべての出会いに意味がある』

⑥ エコとエゴ

「エコ」の意味合いは「自然・ありのまま」

「エゴ」の意味合いは「利己的・自分勝手」

カタカナ文字ですが、濁点があるか無しかで意味合いも変わってきますね！


2002年夏、千葉県九十九里浜の本須賀海水浴場イベント運営を担当した時、海開き数か月前の春、現場下見を含めて海岸組合長に会いに行きました。

「広くて白い砂浜、遠浅で透き通っているこの海は、子供の頃から遊んでいる場所。この海と共に生活して育って来た。それは、海に住んでいる生物も一緒で、毎年浜辺には卵を産むためにウミガメが溢れていた。ところが近年ウミガメの数が減っている事に気づき、死んだウミガメの解剖を専門家にお願いしてみると、ウミガメの中からは人間が買い物袋として使う「ビニール袋」が大量に出てきて、死因は窒息死と判明。

ウミガメはクラゲを食べるので、海中に浮いているビニール袋をクラゲだと勘違いして食べてしまうらしい。

これからは、ウミガメが浜辺に溢れる海を取り戻す為に組合のテーマは「エコ」にして【ゴミが落ちていない、きれいな海岸】にしよう」

と取り組んだそうです。

・美化を考えずに自分の利益だけを求めているエゴイストな権利者の出店を断る。
・飲食は、お客さんの取り合いにならないように専門店の1メニュー1出店。
・海岸組合としては大型の着替え室・シャワートラック・ロッカー室を設置。
・コンビニエンスストアの出店。
・浜辺全体に聞き渡る放送設備を設置して、イベント開催はイベント運営会社を起用。
「エコ」をテーマにしたイベントとして【ビーチフラッグ】を企画して実施しました。
・参加方法は、浜のゴミを1個でも拾って来た方は年齢性別に関係なく参加OK。
・合図に反応し走るだけなので、今の自分の「ありのまま」を受け入れてもらう。
・きれいな砂浜だからこそ走って転がっても安全。

イベント実況やDJタイムの時には、ウミガメの話をしてくれた組合長を思い出しながら、

「ビニール袋はあると便利だけど、使い終えての意識が低くなりがち、風で飛ばされた先を考えてカバンにしまう事。人間の「エゴ」で自然を破壊している事。自然との共存を考えるちょっとした行動で、濁点が取れ「エコ」になるのかも。」

とテーマに合わせて語りました。

ゴミを拾うだけで参加出来るイベントは盛り上がり、放送だけを聞いていた人からも、「今まで来た海で今年が一番楽しかった。それは、お兄さんの声と内容が聞きやすくてイベント実況は熱さと笑い、それ以外のＤＪタイムは心が優しくなるひと時だったから」と！

私は、海開き1週間前に亡くなった組合長の想いを、あの夏からずっと忘れずにいます！

自分勝手に自然を壊すのでは無く

ありのままの姿を大事にしていきたいですね♪

⑦ プレゼントの喜び

自分の想いを相手に伝える時に「言葉の表現」はわかりやすいですが、さらに伝わる方法としてプレゼントという表現がありますね。

「モノは大切に」と親からのしつけもあり、プレゼントで頂いたモノも自分で購入したモノも飽きる事なく大切にずっと使い続けるタイプですが、どんなに大切にしていてもモノには劣化や破損があるのでその時は役目を全うしたと思うようにしています。

これまで様々なプレゼントを頂いた中でも、ヴェルディーノ店長を担当していた23年前にスタッフ達から頂いた誕生日プレゼントの「財布」は今でも使い続ける事が出来て、不思議とそれなり枚数のお札が絶える事なく入っている縁起モノとして自分のパワーアイテムになっています（笑）

またプレゼント選びは相手が喜んで使いたくなるモノを想像していますがリサーチ不足や資金不足の場合は、自分に無理をしないで食事を一緒にする事やなかなか会う機会を作れない時は言葉だけにしています。

好みと合わないモノの使い道には困るだろうし相手に気を使わせてしまうのは私の自己満足で、モノは無くお祝いの言葉だけでも想いが伝わるプレゼントになると思っています♪

最近もプレゼントを選びました。

私が担当するイベント運営のアルバイトとして勤務をしてくれてさらに、趣味の草野球チームでも一緒にプレーを楽しんだ大学生の就職祝いです。

職場の出勤は「スーツ」だとリサーチが出来て、たくさん持っていても邪魔にならないアイテムとしてネクタイに決めました。

彼の雰囲気をイメージして選んだ事を伝えると、

「めちゃくちゃカッコいいです！大切に使わせていただきます。頂いたネクタイが似合うような社会人になれるように頑張ります！」

プレゼントしたのは私なのに、素敵な想いをもらい嬉しかったです。

新たな環境で踏み出す一歩には勇気がいると思います。

このネクタイを使う時が「踏み出す勇気」の支えになればと願っています。
プレゼントは想いを伝えるアイテムでお互いに喜びを感じるひと時になりますね！

プレゼントは、渡す側にも

喜びを与えてくれますね♪

⑧　ある上司との出会い

サラリーマン時代に、幾人もの上司と出会い、その都度、心が動いた経験があります。

ある上司は、親会社から私が在籍している「事業部」の部長として来ました。物静かで、強い指示出しをする事も無く「穏やか」な印象の方でした。


私が店長2年目を務めた「日テレ海の家」には、毎週末「家が近所だから」と来て、1人でビール1杯を飲み、意見や指示をするわけでもなく、ニコッと「お疲れさん」のひと言で帰ります。

「高校サッカー事務局」業務でも、抽選会を含め、すべての会場に来てくれました。


そして、10ヶ月が経ったある日、部長が語ります。

【私は長年、総務業務ばかりで、事業の経験がありません。そこで口出しせずに10ヶ月、皆さんの仕事の取り組み方を拝見しました。

「なるほど」と思う部分がたくさんありましたが、今年度末の事業部決算も「赤字」です。「赤字」という事は他の部署の売上げで給料を頂いている事になります。「情けないと思いませんか?」

事業部の皆さんは、他の部署に比べて社歴も長く、経験値も高く、顔も広い。どうでしょう？これからの1年で「黒字の事業部」という結果を出してくれませんか？

事業の進め方は、皆さんのこれまでの取り組み方で良いと思いますが、提案があります。

《自社に出社する事よりも、取引先に毎日出社するぐらいに、訪問して下さい。》

社内での雑音は、すべて私が受けるので、とにかく雑談から仕事を受けて、来年度末決算で「黒字」をやり遂げて下さい】

すると「日テレ汐留イベント運営」という、新たな事業依頼が入り、集中して業務に邁進すると、次々と依頼が増えて、秋の時点で年度末決算の「黒字」の見通しがたちました。

しかし部長は、年度末決算が確定する前に別の部署へ異動。

私は、一緒に喜びたかった想いと、私達への提案をした意図を質問しました。

すると部長は、

「前年度の決算が赤字になった理由を見つける為に10ヶ月は、皆さんの現場を見て回った。すると、部内で最も影響力がある西尾君は《損得勘定無しに、人の想いと向き合っている》と感じた。そこで、良くも悪くも物事を気にする君が、気兼ねする事なく突き進む為に、社内の雑音を私が受ければ、結果はついてくると思って提案した。君達のやり遂げた「黒字」を部長として見届けてやれなくて申し訳ない。だけど、数字をクリアする事で雑音を消し、シンプルに人と向き合っていれば、引き続き依頼は増えるし、誰が上司でも大丈夫だよ」

と。仕事の取り組み方への「信用」と、突き進む時の「勇気」を頂いた経験でした。

あの時、部長が評価してくれた《損得勘定無しで、人の想いと向き合う》を、今も心掛けています♪

損得勘定が無いからこそ、

素敵な出会いに恵まれたのかもしれません♪

⑨ 笑顔の連鎖

人は理性を持ち、感情をコントロールする事が出来る生き物だと思います。

「喜怒哀楽」などの感情を表現する時に、私達は「笑顔の力」を用いて、携わる人に様々な影響を与える事が出来ます。

・歓喜を表現する笑顔
・怒りを表現する笑顔
・哀しみを表現する笑顔
・楽しみを表現する笑顔

この様に笑顔には種類が多く、これに言葉や口調さらに、身振り手振りを加えて様々な感情を表現する事で、相手に与える影響に違いが生まれていると思います。

また、人それぞれ性格の違いがあるように、笑顔になる時にも違いがありますよね！

☆飲食では、味の好みがお気に入りだった時に「美味しい～♪」
☆アイテムでは、お気に入りのモノに出会った時に「嬉しい～♪」
☆仲間や恋人・家族でも、気の合う会話をしている時に「楽しい～♪」
と「お気に入り＝気が合う」を共有した時に、自然な笑顔が生まれていると思います。

これは音楽やスポーツ、趣味だけでなく生活習慣の中でも感じる事で、職場でも人間関係を良好にする為に活用していると思います。

イベント会場で私のMCを耳にした来場者の皆さんが、
◆なんか良い雰囲気！＝目じりが下がる
◆確かに！その気持ちわかるな～！＝口角が上がる
◆ナイス情報！＝目はキラッとして口が開く
などの反応がわかると、安心というプラスのエネルギーを頂いています（笑）

さらに、

・手を振って笑顔
・軽やかな足取りで笑顔
・立ち止まって笑顔の拍手
などの反応は、私にとって至福のひと時で、自然と笑顔の連鎖が起こっていたと思います。

自然な笑顔が溢れるひと時って素敵ですね♪

素敵な空間には、笑顔の連鎖があります♪

DJ 西尾のパワーチャンネル

『Vol.16　自然な笑顔が溢れるひと時』

⑩ 出来ない事を数えて嘆くより、出来る事を数えよう

これまでの50年、歯科医院には虫歯の痛みに耐えられない時だけ駆け込んでいました。

2019年に駆け込んだ歯科医院は、治療してもらう時に「痛みに弱い情けない自分です」と伝えると、治療方法の意図を伝えてくれながら最小限に痛みを抑えようとしてくれると共に、放置していた自分が悪いのに、私を責める言葉が無い歯科医院でした。

この対応が心地よく治療が完了した後も、月1回のメンテナンスで通院する事に決めました。

メンテナンス担当の歯科衛生士さんは、私の歯を見る度に歯磨きの癖を見抜き、強制ではなく「ここは磨きづらい位置なので、こんな方法もありますよ」のアドバイスや「今回の状態はキレイですね♪何を意識していましたか?」と、さりげなく褒めてくれます。

また「歯磨きだけでは補えない部分もありますので、こうやって定期的に来て頂けるのであれば、私がキレイにしちゃいます」と心強い言葉もあり、私も偽りのない1ヶ月の生活や考え方を話すようになっていました。

治療後には1ヶ月後の予約をして帰りますが、歯科衛生士さんも「西尾さんとの会話は楽しい」と、お世辞でも言ってもらえたので、気分を良くして通院しています(笑)

2020年からは、コロナ禍もあり仕事も生活も一変しました！

その期間の私は「今までは……。」や「こんなはずじゃ……。」と嘆いても、時間が戻る事はないし得るモノはないので、自分でコントロール出来る「ブログ執筆」や「オリジナル曲配信と動画配信」に取り組んでいる事を話していました。

すると先日、歯科衛生士さんは、

「西尾さんが言っていた【自分でコントロール出来ない事を嘆いて文句を言っても何も得るモノはないので、自分でコントロール出来る事を見つけて行動している】の言葉が耳に残り、過去に生活の忙しさと勉強量のハードルが高く諦めていた「資格取得」の勉強をコロナ禍で始めました。テキストもオンライン授業も膨大な量で、記憶力も低下している自分にガッカリもしましたが、今回は途中で諦める事なく受験にたどり着き、資格を手にする事が出来ました。この資格取得は、西尾さんの言葉がキッカケです。ありがとうございました。」

と満面の笑みで話してくれました。

私からは「その資格取得は、歯科衛生士さんの努力の賜物です。そのキッカケとして私の存在があったと言って頂けるなんて嬉しすぎます♪こちらこそありがとう。」と♪

自分でコントロール出来ない事を数え、嘆いて文句を言うより、自分でコントロール出来る事を見つけてトライして行こうと思います。

セルフコントロールで気持ちよく過ごそう♪

ＤＪ西尾の名前について

同年代には、あだ名で呼ばれる事もありますが、後輩やスタッフからは苗字と名前のどちらかを「さん」付けで呼んでもらう事が多いです。

苗字は代々続いているものでルーツを調べればいいや的に理由を聞く機会は無かったけれど、自分の名前の由来を母親に聞いた事がありました。

「父親が新聞を読んでいて、【光夫】という文字が浮かんで決めたらしいよ」

この返答を聞いてから、自分の名前に意味を持てずに若い頃は、自分の名前がキライでした。

その後、仕事をするようになってから、物事の存在意義や担当する仕事の意図や意味を考え、小さな事も気にする「めんどくさい性格」で体調を崩す時があり、その辛さから悩み事や気になる事は「自分なりでもいいから明日の言動に向けて結論を出す」といった納得する答えを出す事でストレスフリーを作っていました。

その時に、自分の名前の意味を考えてみました(^^

「西」：日本の太陽は東から昇り西に沈む。なので「西」とは物事の終わりを示す。

「尾」：まさに文字のごとく「尾っぽ」を示す。
「光」：太陽やスポットライト、または注目や輝きを示す。
「夫」：夫婦だと婦人のパートナー・水夫だと水のパートナーといった具合に、もう一つの漢字と合わさると素敵な状態になる意味を示す。

この4文字を合わせた【西尾光夫】とは、
「物事が終わる西に尾っぽを向けて、東から昇ってきた物事の始まりを示す太陽を正面に浴び、その光のパートナーとして想いや考え方を抱く事と素敵に付き合える人」

これを考えてから、自分の名前が好きになりました。(^^♪

それ以来、
イベントMCや人材育成講師を担当している時は、ライトや太陽光を浴びながら集まってくれた皆さんが、自分勝手ではない「みんなが楽しめる」ポジティブな意志や想いの素晴らしさ持っている事を伝える代弁者となる！
また、ブログ記事を読んでくれた人が日常生活で輝きを感じる＝「ハッピーを感じる」キッカケ作りのパートナーとなれる！
と思って、自分に期待しています（笑）

皆さんも、自分の名前の意味をポジティブに考えてみてはどうですか♪

Let's　ポジティブ♬

Words of 240

第3章：240語録

①「来て良かった!」と思って頂く

「お客様は神様!」とか「お客様を楽しませる」などという言葉を耳にする事があります。すべての業種に言える事ですが、来場者や購入者がいなければ仕事として成り立ちません。考え方の〝たとえ〟だと思いますが、「お客様は神様」とは言いすぎではないでしょうか?


物や体験や観覧を商売として、来場者や購入者に「ご案内」をする。

そして、来場者は有料にて体験や飲食を含めて様々な物を購入する。

その際、主催者側の最低限のルールがあり〝お客様は神様でなんでもあり〟ではないはず!


考え方の〝たとえ〟だとしても〝大事にする事〟と〝すべて言いなり〟は違うと思います。

そして「お客様を楽しませる」と言う言葉ですが、そんなに自分に自信があるのならプロとして申し分はないですが、中々そんな言葉はおこがましくて私は使えません。

来場者1人1人が、どんな思いで&気分で、何を楽しみに来ているかが分からない中では、漠然と「こんな人もいるだろう?」「こんな気持ちだろう?」と想像すると十人十色です。

ただし、イベントならば「主催テーマ」があればお客様の満足度は絞れます。

飲食店なら「美味しく空腹を満たし、寛げる」や「価格・スピード」などの満足度があります。

販売店なら「好みに合う商品」や「価格・品揃え」などが満足度です。

そう考えると、
提供する側としては自信をもった事業に対し来場者や購入者に「満足して頂きたい」という表現が適切だと思います。

私は最低限のルールを「事前に」お伝えする事をもっとも必要と考えています。

ルールを事前に伝える事でそのルールが嫌な方は並ばない。

さらに、来場される方はルールを事前に理解しているのでワクワク状態になる。

それで来場者が少なくお客様の満足度が低くなる状態であれば、根本的にテーマの設定に問題があり、提供するクオリティが低くルールが適していないと考えます。


まず何をテーマにして表現する業種を行っているのかを認識する事。

そして、「来場者は何を満足度として来る」のかを想像し、ご案内する段階からテーマと来場者が合致する部分で「来て良かった！と思って頂く」が適切な言葉使いだと思います。

お客様だからって

何をしてもいいってワケではないですよね～

DJ 西尾のパワーチャンネル

『vol.3　お客様は「神様」じゃない』

② 自分が選んだ時間

就職活動をする学生が集う合同説明会で企業は、自社の社内情報を公開して、志を共有出来る人材確保の為に費用を使い出店しています。

当時、プロのMCを雇うブースは無く会社の覚悟を感じて、とあるブースのMCを引き受けていました。

広い会場内での就活生は、スーツ姿で険しい顔・疲れている顔・眠そうな顔・ダルそうな態度・迷っている態度・焦っている態度と出店する企業側との温度差を感じました。

そこで、双方の温度差を埋める為に毎回20分の持ち時間で、最後まで聞いてくれた就活生に伝えた話です。

皆さんは、就活をしなければならない。説明会に行かなければならないと思っていませんか?

みんなが行っているから?友人がしつこく誘うから?

そんな思いでも、朝起きてスーツ着て電車に乗ったのは自分の行動ですよね!

覚悟ある企業の人事は、追い詰められて仕方が無くやっている人材は要りません。

志を持ち、言い分けをする事なく進化しようとする人材を求めています。

最後まで立ち止まって私と時間を共有してくれた皆さんに感謝の気持ちで提案します。

物事の考え方です。

「～しなければならない！ではなく、～してみよう！」にしてみませんか？

例えば、

「就活しなければならない」→「就活してみよう」

「説明会に行かなければならない」→「説明会に参加してみよう」

普段の生活でも出来ます。

「またコンビニのおにぎり」→「今日はコンビニのおにぎりを食べよう」

「期限内に提出しなければならない」→「期限内に提出しよう」


すると、やらされている受け身な状態から積極的な自分の事になります。

24時間すべて「自分が選んだ時間」として生活してみると、失敗や思い通り行かない事も受け入れる事が出来て、次の行動もすぐに見つかり楽しいですよ。

この話を終えると、

「就活のプレッシャーで毎日が辛かったけど楽になりました」

「友人の誘いで茶髪だけど仕方が無く来ましたが、今日来て良かったです。俺頑張ります！」

中には、なぜか涙を流しながら握手を求めてくる学生もいました（嬉）

私は、追い詰められて険しい表情をしている人よりも、意志を持って明るい表情で行動している人と仕事をしたいと思っています。

「～しなければならない！」ではなく、

「～してみよう！」のマインドで前向きに♪

③ 適当に、良い加減で。

お客様と接する時の基本は「親切・丁寧・的確」を心得研修の時に伝えています。

この言葉の大切さは、学校生活で学んでいると思いますが、相手が感じて発する言葉ですよね。


では、自分はどのように表現すればいいのか、3つの意味を私なりに分析してみました。

「親切」とは、相手が戸惑いを感じて困っている時に、「言葉や行動で手を差し伸べる事」。

「丁寧」とは、物や人に対しての言葉や行動に「思いやりがあり、正確な仕草」。

「的確」とは、相手が望んでいる事に誤差や乱れがなく、「的を射ている事」。

以上から、相手が何かを欲している時に、「適に当たる対応」をする事だと思います。


そこで、大切なポイントは「やり過ぎない」と「足りない」です。

「親切」をし過ぎると、ありがた迷惑と言われ、足りないと不親切と言われます。

「丁寧」過ぎると、無機質で感情がなく冷たいと言われ、足りないと雑と言われます。

「的確」はやり過ぎると、思い込みと言われ、足りないと的外れと言われます。

いずれも、良い加減が必要なのです。

では、普段からどのような言動を心掛ける事が望ましいかというと、

①相手が困った時や声をかけたい時に、私は「ここに居ます」とわかりやすいように、元気なあいさつと明るい笑顔を心掛ける

②声かけられたら的確に応えられるように、相手の気持ちを想像して知識を蓄えておく

③時間と周りの状態から人の行動や会話を聞いて、360度の周辺を気にしておく

この3つを心掛けていれば、思うように対応出来ない時は仲間や先輩が助けてくれるし、人と向き合う事は「楽しい」と思っていれば「いい加減」を悪い言葉ではなく、お風呂の湯加減のように「良い加減」と思えるようになり、「てきとう」も悪い言葉ではなく、相手の望んでいる所に対して適に当たる「適当」になります。

「親切・丁寧・的確」は、相手と自分の気づかいのバランスが重要ですね。

自分勝手な思い込みや自己満足ではなく、サポートを欲している人の行動や言葉の要点を見極めて、相手が望む事に対してのみ「適当に・良い加減で」接してみましょう。

これが難しいから、普段から沢山の会話が必要なのかも知れませんね(^^

「適当に・良い加減で」居ることで

見える景色も変わってくるかもしれませんね♪

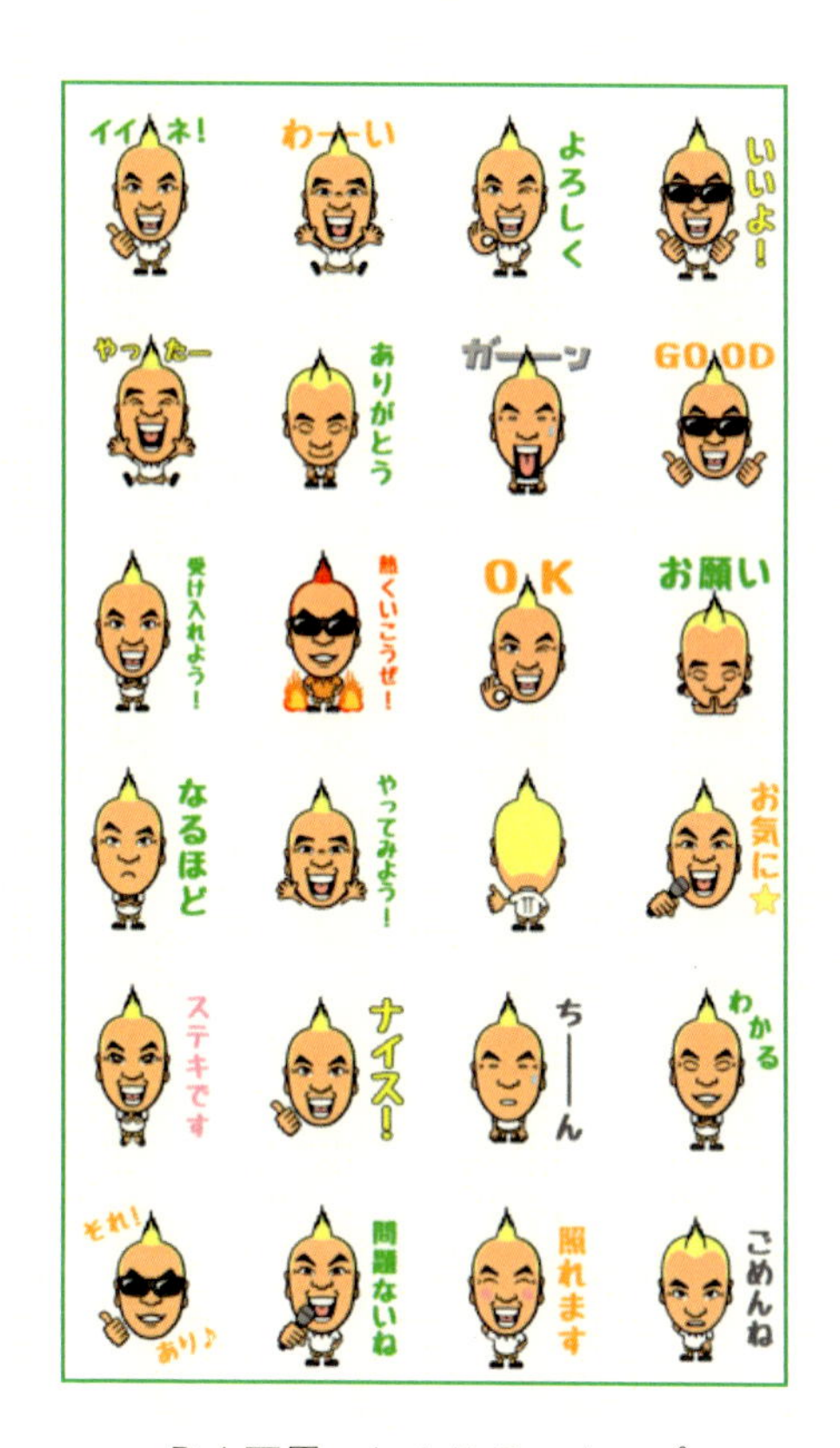

ＤＪ西尾　ＬＩＮＥスタンプ

好評発売中♬

④ プチハッピーの見つけ方♪

Nマジックのブログ「DJ西尾のひとりごと」のサブタイトルで〝日常はプチハッピーにあふれている♪〟と記載しています。

仕事中に仲間やスタッフから「西尾さんはいつも楽しそうだな♪」と言われる事が多々ありました。もちろんMCも運営ディレクターも研修講師も、根が真面目なので本気で向き合っていると、時に厳しくて怖い時もあったそうですが（笑）

しかし、有難い事に印象に残るのが「楽しそう」とは、ホント仲間や出会う人に恵まれたと思っています。

そこで、なぜ楽しそうに見えていたのかを考えました。

・時間通りに起きる事が出来て良かった（学生の頃、遅刻癖があった）
・食事をする事が出来て良かった（貧しい時代があった）
・担当する仕事があって良かった（誰でもいいと言われた悲しい時代があった）

・仕事を安全に終える事が出来て良かった（安全が損なわれると次がない）
・お風呂に入れて良かった（銭湯通いの家庭で育った）
・布団の中で寝る事が出来て良かった（仕事の都合で自宅に帰れない事があった）

このような、人の生活で当たり前と思われている事でも、自分の過去と照らし合わせてポジティブな出来事として感情をコントロールしていました。

さらに、
・自然現象の変化
・人との出会い
・他人の言動
・人間以外の生き物
これらは、自分の意思ではコントロール出来ない部分で、自分が気づく事でポジティブな出来事として受け入れるようにしていました。

世の中は、自分の感情ではコントロール出来ない事が沢山あるけど、日々生活出来る事のすべてをポジティブに意識してみたら無意味な事は無いと思いました。

そこで、予期していない＆二度とない「大きな幸せ」を望むより、誰もが当たり前と思っている日常の出来事に「小さな喜び」を感じてみようと思って始めたのが「プチハッピー探し」です。

身近にある「プチハッピー」を感じて穏やかな笑顔になっていると、それが出会う人の「プチハッピー」になり人が集まるのかも知れませんね♪

プチハッピーを見つけた夜は

ぐっすりイイ夢が見られそう♪

⑤ 明日やれる事は明日でいい

素直な姿勢と元気があり前向きだけど、いつも何かに追われている感と反比例するように「無の状態」を感じるスタッフとの出会いです。

ある日、勤務後の控室で話しかけてみました。

「いつも忙しそうだね？」

すると手帳を見ながら今後の予定を話してくれました。

「やる事モリモリで凄いね」

と言うと、見せてくれた手帳は余白が無い状態で毎日びっしり埋まっていました。

「こんなに予定があると寝る時間も少なくて体調は大丈夫？」

と聞くと、

〈手帳の余白があると不安になるので、埋める為にバイト・習い事・友人との予定を入れています。睡眠は少し寝れば若いので大丈夫です。〉

この返答を受けて私は、

「若いと回復力が早いから少しの睡眠で大丈夫だと思うし予定が沢山ある事も素晴らしい。だけど、その予定の1つ1つは【こなしている】だけの作業になっていないかい？

睡眠や食事を削って予定を埋めて場所の移動なども間に合えばいいけど待ち合せに遅れる事はあったかな？

俺の勝手な意見だけど、自分の余白時間を埋める事がメインになって実施する内容がおろそかになっていたら悲しい状態が生まれるけど、どう？」

と聞いてみました。


すると〈内容をおろそかにはしていないつもりだけど待ち合せはギリギリか遅れる事もあり申し訳ないと思っていた〉と。


そこで私の考えとして伝えました。

「世の中は1日24時間を基準として生活しているよね。その1日に出来る事は志が一緒の仲間や複数の人の力が重なると無限大になるけど、1人で出来る事はたかが知れていて限りがあると思う。なので、今日しか行えない事を今日行い、余った時間は心や身体を休める1人時間にして、明日でも間に合う事は明日にすればいいと俺は思っているよ。」

その後も私の担当するイベント現場で勤務してくれる傍ら留学・就職の度に相談してくれて10年以上の付き合

いが続き、今ではクリエイティブな表現者として羽ばたいています。

先日会った時も「今日しか出来ない事を今日して、明日やれる事は明日でいい！」をはじめ、私が発した240語録を「忘れる事はないし様々なシーンで活用しています！」と追われる感も無の状態もなく楽しそうに話してくれました♪

２４時間の中で

何を「今やるか」判断することが大事だね♪

⑥　情報は自分で得るもの

インターネット・テレビ・ラジオ・本・人との出逢いなど現代は情報に溢れています。しかし、失敗やミスをした時の言い訳で「そんなの聞いてない！」や「だって知らないし！」という言葉を聞くことがありますよね。

私がイベント運営責任者を担当している時に、スタッフに対して行っていた事があります。

①心得研修の自己紹介をしてもらう際に、昨晩食べたメニューを項目に入れています。それは、自分で行った行為＝情報があればどんな質問にも答えられる事を体感してもらう為です。

②運営中は1ページ事に切り離してもバラバラにならないメモ帳の利用をお願いしています。それは、言葉だけで覚える事が困難な場合や伝言として内容を伝える時にページを切り離しても、今までメモ帳に蓄積した情報を手放さないでいて欲しいからです。

自分で調べたり体感して得た内容は比較的長い期間忘れずに覚えていられたり、例え他力な部分の「聞く」という行為だけでは忘れがちな内容も、メモ帳に書いておけば、「書く」という行為を自分で行った事で記憶に残ると思っているからです。（読み直しが重要！）

この情報社会において、
「そんなの聞いてない！」や「だって知らないし！」と捨て台詞のように言って不機嫌に逃げてしまう発言だと、「言っていた」や「言ってない」の水掛け論になり結論が見えないばかりか問題解決には繋がりません。

厳しい意見ですが
「聞いていない」＝自分の注意不足。
「知らない」＝物事に興味がなく理解力不足。
と思われてしまうのではないでしょうか？

そこで、「聞いてない」の別の言い方は、
「申し訳ないけど、もう一度聞かせて下さい」

また、「知らない」の別の言い方は、
「初めて聞く内容です。是非教えて下さい」

と謙虚にお願いしてみてはどうでしょう！

成功実績が多くある職場の責任者や一緒に働く仲間の発言を「聞いてない」や「知らない」で終わらせる事なく、その発言を情報として蓄積し、役立てて欲しいです。

【情報は自分で得るもの】

情報が多い現代だからこそ自分の意思で取捨選択し、仕事や趣味はもちろん、日々の生活がより豊かな笑顔が溢れるひと時になるといいですね！

自分で取った情報はメモをすれば

何度も見返すことが出来て

忘れずにいられるね！

⑦ 決断することは自分へのエール

食事の時「これを頼もう」と思ったのに、友人が選んだメニューに目移りをしてオーダーを決める事の出来ない優柔不断な自分が嫌いでした。

決断しない事で「悩む」「言われるがまま」「ストレスが溜まる」などが発生していたと思います。

社会人になると集合体の1人として過ごして来た学生時代と違い、個として対象になる事が増えた為、納得出来ないなど自分だけでは消化出来ずに身体と心に負荷がかかり過ぎて内臓を患う病に何度もかかりました。

ある時「また腹痛でツラい思いをするのは嫌だ」と決断します。

①食事は空腹具合と味は何を求めているのかを自分に相談！
②プライベートのやりたい事をすると自分の他に誰が嬉しいのか！
③担当する仕事の存在意義と業務をすると誰が喜ぶのか！

生活の中で常に考え、自分で答えを見つけながら声や行動で表現する事を始めました。

すると、食事の席では私の選んだメニューで会話と笑顔が生まれ、仕事では同意をしてくれる仲間が増えて来ました。

それでも時には「求めていた味と違う」や「量が少ない」など感じる事はあり、仕事では反対意見もあります。そんな時は「同じ状況が訪れた時に別の決断が出来る」とポジティブになる事が出来たし、反対意見は自分に明確な意図があるからこそ相談する事が出来て改善点が見つかり、悩まずに考えて取り組める事も出来ました。

私達の生活には常に多くの選択肢があります。
この選ぶという決断をする時に気を付けている事は、
★楽しくワクワクする方を選ぶ
★自分も含めてより多くの携わる人の満足度が高い方を選ぶ
★他人の判断は参考として、自分で判断出来る部分のみ決断する

セルフコントロール出来る部分を決断する事で、人に迷惑をかけるワガママではない自分の経験に繋がり、リーダーの場合は責任を背負う事が出来るのだと思います。

まずは日常生活の「起床・就寝」「何着る」「外出・自宅」「何食べる」「誰に会いたい」から決断してみて下さい。

私はセルフコントロール出来る部分を決断する事で、仲間に恵まれて健康で過ごせるようになりました♪

セルフコントロールをして「わくわく」を手に入れよう！

DJ 西尾のパワーチャンネル

『vol.15　大好きな自分になる』

⑧　今を受け入れる

自分では気付かない行動の癖があるように言葉や会話にも癖があり、私には時代ごとの口癖がある事を長く一緒に居てくれる仲間から教えてもらいました。

運営でもMCでも「どうしたらよりわかりやすく伝わるのか」や「やってみよう！と理解して頂けるのか」と同時に「指示待ちスタッフ」ではなく「自分で判断出来るスタッフ」への成長を日々考えて様々な言葉を発していましたが、その1つの口癖が「今を受け入れる」です。

この言葉を発するまでのポイントとなったのは『時間の経過と経験』です。

・「過去」に発した言葉や行動は消せない
・「過去」に時間は戻せない
・「今」から変化があるのが「未来」
・想像や予測は出来るけど誰も知る事が出来ないのが「未来」

この4点から「過去の事実」は変わらないので結果において他人や自分を責めない事と、「未来」を嘆かない！のNGワードを見つけます。

そして「過去」とは自分が選択して行動した結果で、「未来」とは自分が選択して行動する事で得られると理解し、「今を受け入れる」事で自分の行動を判断する事が出来ると思いました。

そこでスタッフとの向き合いでは、

①未来に向けての相談事は、身近に起こった「良し悪し」を例題として今の自分が取るべき言動を具体的に見出してもらう（天気・季節・同業種・異業種・家族・仲間）

②過去の報告事は、細かく思い出して「これで良い」と「次はこうしよう」と明確にしてもらう

責任者や上司から指示をされて意図を理解せずに動いた場合は記憶に残らずに万が一「嫌な思い」の未来が訪れた時に原因を見出せないと思います。

運営チーフと兼務でMCを担当していた私がすぐに現場で対応する事が出来ない時期に働いてくれたスタッフに対して「今を受け入れて、これから起こりえる事を想像しよう」と言い続けていた気がします。

口癖になっていた「今を受け入れる」は、

「過去」にすがるのではなく忘れない体験として「今」に活かし、意図を持って言動すれば素敵な「未来」が訪れる事を願う自分へのメッセージだった気がします。(^_-)-☆

今を受け入れることで素敵な未来が待っている♪

⑨ 普通って何？

社員の時、イベントMCと運営ディレクターの兼務でステージに上がる機会が多く、注目を集めるのに必要だと思い、髪に色を入れて服装はコスチュームが基本。

イベント運営時間外は、動き易いラフな格好が多く行楽シーズンは出社しないで現場に直行直帰していました。

すると社内の現場を見た事のない人から「普通の社会人ではない」と言われました。

当時は、仕事の打合せが先方の都合で夜に入る事が増えていました。

所属部署メンバーの残業手当が多額になっている事で、部長から「残業をするな」指令が出ていたので、私は給料が多く欲しい訳ではなかったため、業務遂行の上で日時変更の利かない必要な打合せの時は、夜の打合せ終了から逆算し出社時間を遅らせて残業が発生しないようにしていました。

すると別の部の上司から「会社員は朝の就業開始時間に自分のデスクに座っているのが普通だから」と強く言われました。

日常会話において「その料理、美味しい？」や「その服装、カッコイイね？」と問いかけると「普通」と答える人。

企画会議で提案に対して「普通だな」と偉そうに言う人。

プライベートでも「普通はみんな知っている」や「普通みんなやるでしょ！」と言い切る人。

この「普通って何？」とずっと感じていました。

辞書では「特に変わっていないこと。ごくありふれたもの。たいてい。」と出ています。

自分の経験からの解釈で付け加えると「普通とは多くの人が取る言動」または「多くもなく少なくもなく中間を示す量」と理解し、基準が曖昧な表現なので使う事を控えていました。

そんな時、イベント運営のスタッフ育成メニューを自分で考えて遂行しているとスタッフから「こんな研修を受けたのは初めて」とか「あの研修は勤務する前に全スタッフが受けるべき」との声を聞き私は……

「イベント運営の勤務前に研修をするのは必然じゃないの？」

「この研修は当たり前の内容じゃないの？」

と聞くと、ベテランのスタッフは

「普通じゃないです（笑）」

自分的に「普通」という言葉で、かなり気分の良い返答をもらいました。

この時から私を認めて信頼してくれる人が居れば、たとえ少数派の「普通じゃない」と言われても、携わる人の満足度向上に繋がっているなら素敵な表現として受け入れるようにしています（笑）

『普通』という曖昧表現では無く、

何でも具体的に答えていきたいですね♪

⑩ 仕事は人助け

学生を卒業する時は、実家暮らしだったので「仕事しなきゃ」と思って就職しました。

その後、歌手を目指したフリーターの時は、音楽活動費をアルバイトで稼ぎ、一人暮らしを始めると、音楽活動よりも生活の為に「仕事をしていた」と思います。


21才から、生活の為に選んだアルバイトの東京ディズニーランドで7年間勤務しました。

この時期が、私の仕事に対する考え方の礎を築いたと思っています。

それは、心得研修時に「ディズニーフィロソフィー」を学ばせて頂いた事です。


研修直後に「ピュアな気持ちを諦めずに実現したウォルトディズニー」と心が動き、勤務が始まりましたが、パークには多くの人が笑顔で来場しています。それも毎日何万人も……。
・先輩達のパフォーマンスは高いけど追いつかなきゃ。
・「ディズニーフィロソフィー」を遂行しなきゃ。
・来場者に「来て良かった・楽しかった」と思ってもらわなきゃ。

と「～しなきゃ」の使命感だけで、力量も無く頑張るだけの疲労困憊な日々（泣）

ある日、今の自分が出来る事は「元気とやる気しかない」と認め、「仕事をしなきゃ」ではなく「一緒に喜び、一緒に笑い、一緒に気付けるディズニーのお兄さん」として、来場者と向き合い続けるようにしていました。

すると身体は疲れるけど、心は疲れずに自然な表現の日々になっていたのだと思います。

数か月後には「お兄さん、ありがとう」と沢山の笑顔を頂き、ある時は「今まで来た中で、今日が一番楽しかった。それは、お兄さんに会えたから♪」という想いを頂けるようになっていました。

同時期に活動していた音楽でも、LIVEに来てくれた人から「心が躍り、熱い気持ちやエネルギーをもらった」と感謝の想いを頂けるようになっていました。

振り返ると、あの時期から生活費を稼ぐというより、多くの人から「ありがとう」が生まれる日々に、喜びと充実感を得ていたと思います。

その後、幾つかの企業で働きましたが、今の自分が担当する事を「～しなきゃ」ではなく、仕事のテーマと人の気持ちに対して、真摯に向き合えば「ありがとう」が生まれる。その言動は結果的に「人助け」になり、どんな仕事でも自分のスペシャルな部分を必要としてくれる依頼に繋がると確信しました。

これからも「誰でもいい、ではなく」私を必要とする人に「頼んで良かった」と「助かった」と思って頂けるスペシャルな部分を磨くと共に、お互いの立場を尊重した「ありがとう」の想いが溢れるひと時をサポートして行きたいです♪

『西尾だから』できる事で

『人助け』をしていきたいですね♪

ＤＪ西尾の実績～運営編～

開催年	イベント名	継続年
1986 ～ 1992	TDL運営部 アトラクションキャスト勤務	1986～1992
1993 ～ 1998	ヴェルディクラブショップ「ヴェルディーノ」店員～店長	1993～2000
1999	ヴェルディクラブショップ「ヴェルディーノ」店長	1993～2000
	ヴェルディ川崎　ファン感謝DAY	1999～2000,2007
	ヴェルディ川崎　毎試合イベント計画及び運営	1999～2000
2000	ヴェルディクラブショップ「ヴェルディーノ」店長	1993～2000
	ヴェルディ川崎　ファン感謝DAY運営ディレクション	1999～2000,2007
	ヴェルディ川崎　毎試合イベント	1999～2000
2001	「National Tap Day」	2001,2008～2018
	日テレ野球中継クイズ事務局／「8時の男」	単発
2002	日テレ海の家「九十九里浜・本須賀海岸」イベント	2002～2004
	「全国高校サッカー選手権大会」事業マネージャー業務	2002～2005,2010～2019, 2022～2023
	読売巨人軍「宮崎春季キャンプインフォメーションセンター」	2002～2006
2003	日テレ海の家「SEA ZOO」店長・イベント	2002～2004
	「全国高校サッカー選手権大会」事業マネージャー業務	2002～2005,2010～2019, 2022～2023
	読売巨人軍「宮崎春季キャンプインフォメーションセンター」	2002～2006
	読売巨人軍「セカンドユニフォームチャリティー」イベント	単発
2004	日テレ海の家「4-tune」店長・イベント運営	2002～2004
	「全国高校サッカー選手権大会」事業マネージャー業務	2002～2005,2010～2019, 2022～2023
	読売巨人軍「宮崎春季キャンプインフォメーションセンター」	2002～2006
	ジャイアンツ月間MIP賞	単発
2005	「全国高校サッカー選手権大会」事業マネージャー業務	2002～2005,2010～2019, 2022～2023
	読売巨人軍「宮崎春季キャンプインフォメーションセンター」	2002～2006
	日テレ 毎季節「GO！SHIODOMEジャンボリー」アトラクションブース運営チーフ	2005～2008,2012～2014
2006	読売巨人軍「宮崎春季キャンプインフォメーションセンター」	2002～2006
	日テレ 毎季節「GO！SHIODOMEジャンボリー」アトラクションブース運営チーフ	2005～2008,2012～2014
2007	ヴェルディ川崎　ファン感謝DAY	1999～2000,2007
	日テレ 毎季節「GO！SHIODOMEジャンボリー」アトラクションブース運営チーフ	2005～2008,2012～2014
	「第2回ロハスデザイン大賞2007・新宿御苑展」	単発
2008	「National Tap Day」	2001,2008～2018
	日テレ「GO！GO！SHIODOMEジャンボリー」アトラクションブース運営チーフ	2005～2008,2012～2014
	「東京ドラゴンボート大会」	2008～2019,2023
	「新小岩　商交会まつり」運営ディレクター	2008～2019,2022～2023
	「GEISAI #11」カップリングイベント学園祭実行委員会イベント	単発
2009	「National Tap Day」	2001,2008～2018
	「新小岩　商交会まつり」運営ディレクター	2008～2019,2022～2023
	「東京ドラゴンボート大会」	2008～2019,2023
	フジテレビ お台場合衆国「めちゃイケ」アトラクションブース　運営ディレクター	2009～2014
	「Giants Winning Game Card」販促ディレクター in宮崎キャンプ・東京ドーム	2009,2011,2013～2014
	「新横浜パフォーマンス2009」～横浜150周年記念イベント～ 『黒船Xからの挑戦状』ブース運営ディレクター	単発

開催年	イベント名	継続年
2010	「National Tap Day 」	2001,2008～2018
	「全国高校サッカー選手権大会」事業マネージャー業務	2002～2005,2010～2019, 2022～2023
	「東京ドラゴンボート大会 」	2008～2019,2023
	「新小岩　商交会まつり」運営ディレクター	2008～2019,2022～2023
	フジテレビ お台場合衆国「めちゃイケ」アトラクションブース　運営ディレクター	2009～2014
	「さくらまつり～ディスカバー新小岩～」　運営ディレクター	2010～2011
	「Baseball Times」販促ディレクター　in宮崎	単発
2011	「National Tap Day 」	2001,2008～2018
	「全国高校サッカー選手権大会」事業マネージャー業務	2002～2005,2010～2019, 2022～2023
	「東京ドラゴンボート大会 」	2008～2019,2023
	「新小岩　商交会まつり」運営ディレクター	2008～2019,2022～2023
	フジテレビ お台場合衆国「めちゃイケ」アトラクションブース　運営ディレクター	2009～2014
	「Giants Winning Game Card 」販促ディレクター in宮崎キャンプ・東京ドーム	2009,2011,2013～2014
	「さくらまつり～ディスカバー新小岩～」　運営ディレクター	2010～2011
	「新小岩えきひろフェスティバル」運営補助，Tシャツ販売	2011,2022～2023
	「東京ヴェルディ　ホームゲームのスポンサー及び来賓関係者受付担当」チーフ	単発
	「がんばろう浦安！スマイルアゲイン・プロジェクト」バルーンアート運営ディレクター	単発
	「パークハウスつくば研究学園マンション」販促イベントディレクター	単発
2012	「National Tap Day 」	2001,2008～2018
	「全国高校サッカー選手権大会」事業マネージャー業務	2002～2005,2010～2019, 2022～2023
	日テレ「汐博」アトラクションブース	2005～2008,2012～2014
	「東京ドラゴンボート大会 」	2008～2019,2023
	「新小岩　商交会まつり」運営ディレクター	2008～2019,2022～2023
	フジテレビ お台場合衆国「めちゃイケ」アトラクションブース　運営ディレクター	2009～2014
	「日テレプラス販促イベント　ソフトバンクホークス春季宮崎キャンプ」ディレクター	単発
2013	「National Tap Day 」	2001,2008～2018
	「全国高校サッカー選手権大会」事業マネージャー業務	2002～2005,2010～2019, 2022～2023
	日テレ 「汐博」アトラクションブース運営チーフ	2005～2008,2012～2014
	「東京ドラゴンボート大会 」	2008～2019,2023
	「新小岩　商交会まつり」運営ディレクター	2008～2019,2022～2023
	フジテレビ お台場合衆国「めちゃイケ」アトラクションブース　運営ディレクター	2009～2014
	「Giants Winning Game Card 」販促ディレクター in宮崎キャンプ・東京ドーム	2009,2011,2013～2014
	「楽天イーグルス　日テレプラス販促イベント」運営ディレクター	2013～2014
	「女子プロゴルフトーナメント　リコーカップ」日テレG＋販促ディレクター	単発
2014	「National Tap Day 」	2001,2008～2018
	「全国高校サッカー選手権大会」事業マネージャー業務	2002～2005,2010～2019, 2022～2023
	日テレ「汐博」アトラクションブース運営チーフ	2005～2008,2012～2014
	「東京ドラゴンボート大会 」	2008～2019,2023
	「新小岩　商交会まつり」運営ディレクター	2008～2019,2022～2023
	フジテレビ お台場合衆国「めちゃイケ」アトラクションブース　運営ディレクター	2009～2014
	「Giants Winning Game Card 」販促ディレクター in宮崎キャンプ・東京ドーム	2009,2011,2013～2014
	「楽天イーグルス　日テレプラス販促イベント」運営ディレクター	2013～2014

開催年	イベント名	継続年
2015	「National Tap Day 」	2001,2008～2018
	「全国高校サッカー選手権大会」事業マネージャー業務	2002～2005,2010～2019,2022～2023
	「東京ドラゴンボート大会 」	2008～2019,2023
	「新小岩　商交会まつり」運営ディレクター	2008～2019,2022～2023
	「巨人軍ホームゲーム・伊勢市スペシャルデー」販促ブース運営ディレクター	単発
	「巨人軍春季キャンプ・日テレジータス販促ブース」運営ディレクター	単発
	「イクスピアリ・ゴーストハントツアー」運営ディレクター	単発
	「お台場モータースポーツ・J-sports加入販促」運営ディレクター	単発
2016	「National Tap Day 」	2001,2008～2018
	「全国高校サッカー選手権大会」事業マネージャー業務	2002～2005,2010～2019,2022～2023
	「東京ドラゴンボート大会 」	2008～2019,2023
	「新小岩　商交会まつり」運営ディレクター	2008～2019,2022～2023
	「ふなっしーカレンダー連続発売記念イベント」運営ディレクター	2016～2018
2017	「National Tap Day 」	2001,2008～2018
	「全国高校サッカー選手権大会」事業マネージャー業務	2002～2005,2010～2019,2022～2023
	「東京ドラゴンボート大会 」	2008～2019,2023
	「新小岩　商交会まつり」運営ディレクター	2008～2019,2022～2023
	「ふなっしーカレンダー連続発売記念イベント」運営ディレクター	2016～2018
	「楽天ジャパンオープン・楽天PRブース」運営ディレクター	単発
2018	「National Tap Day 」	2001,2008～2018
	「全国高校サッカー選手権大会」事業マネージャー業務	2002～2005,2010～2019,2022～2023
	「東京ドラゴンボート大会 」	2008～2019,2023
	「新小岩　商交会まつり」運営ディレクター	2008～2019,2022～2023
	「ふなっしーカレンダー連続発売記念イベント」運営ディレクター	2016～2018
	「日テレNEWS２４　千葉ロッテ公式戦放送キャンペーン」運営ディレクター	2018～2019
	「JRA日本ダービー　街に馬キャンペーン」運営ディレクター	単発
	「新京成　ふなっしートレイン　ラストラン」運営ディレクター	単発
2019	「全国高校サッカー選手権大会」事業マネージャー業務	2002～2005,2010～2019,2022～2023
	「東京ドラゴンボート大会 」	2008～2019,2023
	「新小岩　商交会まつり」運営ディレクター	2008～2019,2022～2023
	「日テレNEWS２４　千葉ロッテ公式戦放送キャンペーン」運営ディレクター	2018～2019
	「日テレ　超☆汐留パラダイス」運営管理	単発
2022	「全国高校サッカー選手権大会」事業マネージャー業務	2002～2005,2010～2019,2022～2023
	「新小岩　商交会まつり」運営ディレクター	2008～2019,2022～2023
	「新小岩えきひろフェスティバル」運営補助	2011,2022～2023
	「新小岩商交会Webサイト制作」ディレクション	2022～2023
	「全国高校サッカー選手権大会」タオルマフラー販売	2022～2023
	「ドラゴンボート海の森オープン」会場運営補助	2022～2023
2023	「全国高校サッカー選手権大会」事業マネージャー業務	2002～2005,2010～2019,2022～2023
	「東京ドラゴンボート大会 」	2008～2019,2023
	「新小岩　商交会まつり」運営ディレクター	2008～2019,2022～2023
	「新小岩えきひろフェスティバル」運営補助	2011,2022～2023
	「新小岩商交会Webサイト制作」ディレクション	2022～2023
	「全国高校サッカー選手権大会」タオルマフラー販売	2022～2023
	「ドラゴンボート海の森オープン」会場運営補助	2022～2023
	アスリーチ事務局　作業補助	2023
	日テレ系「こどもday」運営ディレクション	単発
	「汐留サマースクール」エリアマネージャー	単発

Mecha
Resort Hawaiians
お台場合衆国
Alo~ha~!!
2011 8/30

Traning

第4章：人材育成について

①「引き継ぎ」で何をどう伝えますか??

イベント運営ではたくさんのスタッフが勤務してくれています。

運営時間が長くスタッフ人数が多い場合は「ローテーション」という手法で食事やトイレを効果的に取れるように休憩時間を工夫しています。

ポジションを変わる際に「引き継ぎ」をお願いしていますが、担当して初期の現場では上手く行かない事が多々あります。

スタッフ交代時に会話がないように感じた私は、新しくポジションに着いたスタッフに「引き継ぎは出来たの?」と聞くと、

Aさん「交代です」→「引き継ぎありますか?」

Bさん「別にありません」→「お願いします」

こんな感じだったそうです。

私は思います。

Bさん！あなたがこれまでの時間守って来たポジションは何も変化はなかったの？
どんな気持ちで仕事していたの？どんな人が来て通り過ぎて、何人がアトラクションに参加して会話して、
感情を表現したの？自然現象の天気などを含めて変化はないの？
また、これまで自分が守って来たポジションを交代する人に「別にない」で託すの？

Aさん！これから自分が入るポジションをどう守るか不安はないの？

「引き継ぎ」とは、
これまで守って来たポジションや行っていた業務を本気で向き合い、より良いものにしようと努めて来た時間
を、交代で行う人に託す行為。

さらに、
これからポジションや業務を担当する上で、不安なくやりたいと、これまでの人から聞き出し、託してもらう
行為。

だから、
Aさんは「私は○○と○○を気にして、担当しようと思いますが変化ありましたか？」

Bさんは「この時間帯はこんな事があり、○○と○○に気を付けて行っていました。」
Aさん「了解。では○○と○○も気にして行います。」
Bさん「そうですね。これからの時間帯は○○と○○は気をつけた方がいいですね。よろしくお願いします」

こんな感じに、待ちの姿勢ではなくお互いが責任を持って聞き出し合う「決意」の事だと思います。

「引き継ぎ」が長くなり過ぎずに簡潔に伝えあうためには、普段からの信頼関係作りが求められますね！

お互い『熱い気持ちで』

担当してきたポジションを

引き継いでいけるといいですね♪

②「任せる」と「投げる」は違う

年齢や経験を重ねると業務維持や拡大する上で必要になるのが後輩や新人の育成です。様々な育成方法がありますが「放任主義」で指導者が間違えやすいのが【任せる⇕投げる】の違いです。

「任せる」とは、任命した物事の結果を一緒に受け入れる事。
「投げる」とは、任命するだけでマイナスな結果になると他人事のように責める状態。

私がTDLのキャストをしていた時にマンツーマン指導で担当した「カヌー探険」の新人Pくんは、心得・座学、さらに漕ぎ方や舵取りもセンスが良く優秀。船上でのご案内もシミュレーションをすると、これも優秀でした。そこでゲストを乗せた本番に行こうとすると「もう1度、手本を見せて下さい」や「もう少し裏で練習させて下さい」と慎重派でした。

私は限りある時間だけ伝えて、Pくんが納得するまで練習に付き合いました。
ある瞬間Pくんにスイッチが入り本番へ向かう時が来ます！
結果、ラストシーン（船着き場）では、ゲストから満足度の高い拍手が起こっていました。感想を聞くと興奮状態の笑顔で「もっとこうしたい」とポジティブで具体的に振り返っているのです。私も嬉しくて一緒に興奮していました！

Pくんが優秀だったのですが、やり遂げた時の姿を想像し共有しながら焦らずに過ごせた事が良かったのだと思います。

もう一つは、ヴェルディーノ店長としての「棚卸し作業」です。

色やサイズ分けすると数千もの種類があり、店舗を閉めて集中的に行います。

まず「棚卸し作業で求めている事」を明確に伝え、作業方法はスタッフに考えてもらい、私とのズレがないかを確認して始めてもらいます。

すると、飽きっぽい・完璧主義・ミスで落ち込む・途中出退勤などの困難が発生しますが、自分達でポジション分けや声掛けしながら、見事に時間内で「一覧表リスト作成」までやり遂げるのです。（感涙）

毎月行っていた棚卸しは、スタッフ達のおかげで数字のズレが無く3か月毎に変わるなど本社管理部から認めてもらう結果となりました。

これは、スタッフが優れていたのですが、普段から私が考える店舗方針を含めて、お互いの性格や立場を理解し、認め合っていたのが良かったのだと思います。

この2つは「少人数や通年」の例で、「大人数や期間限定」になるとプラスアルファの指導ポイントがありますので、それはまたの機会に紹介します。

では、共通して人材育成で気を付けている事を記します。

・「なぜこの仕事があり、人が必要なのか」といった指導側の業務心得を伝える
・スタッフそれぞれの性格や成長度に違いがあり、理解度に差が出る事を前提としている
・伝える内容は統一だけど、状況に応じて個人と全体では話し方に違いが生まれる
・「やらされる」ではなく、自ら「こうしたい」と自分で考えて取り組めるようにする
・指導の段階分けをして確認する

①業務内容の意図を伝える（手本を見せる）
②「やり遂げる」日時を逆算し、現状を見て理解度チェック
③修正あればアドバイス
④アドバイス後の状況チェック
⑤「やり遂げる」直前で指導者が納得出来る状態なのかを最終チェック
⑥期限に間に合わせる為に必要ならば、さりげないサポート

⑦ラストシーンを見届ける
⑧結果を一緒に受け入れる

ここで注意するのは、

「言ったはず！伝えたはず！」などの思い込み発言。

「何やってんの！違うだろ！」などの罵声。

指導者の思い込みでスタッフや後輩は疑心暗鬼になります。

指導者の罵声は威圧感を与えスタッフや後輩を萎縮させます。

自分の立場を守る事を優先して情報を抱え込むと、後輩は育ちません。

自分が居ない状況を想定して、後輩や仲間が困る事なく、自らの意思で遂行出来るように情報公開しサポートする事。

そして、後輩や仲間のキラキラした姿を一緒に喜べるのが先輩や指導者だと思います。

Pくんとは30年以上経った今でも、本気で笑い熱く話せる素敵な仲間です。

また、20年以上経った「ヴェルディーノ」スタッフには、今でも助けてもらっています。

指導者として、『投げる』ことはせず、

どんどん『任せて』いきたいですね！

DJ 西尾のパワーチャンネル

『vol.17　後輩や仲間と一緒に喜ぶ指導』

③「人前で話す」時のポイント

人材育成アドバイザー業務において新人心得研修を担当していると様々な性格や希望を持ったスタッフと出会います。

その中で「人前で話す時に緊張しちゃうので直したい」という想いに対して、イベントMCの経験から、多くのお客様の前で話す時のポイントを伝えています。

①「理解」

②「リラックス」

③「利用」

お客様と共に過ごす空間を楽しいひと時にする為に必要な3つです。

「何を話していいかわからない」とか「どう話せば伝わるのかがわからない」と言う方がいます。

それは理解不足なのです。

①「理解」とは……

担当場所のポジション意図とお客様がその場所で求めている事を明確にする事です。

その為には事前に経験値ある人に聞いたり、資料を調べたりした内容を現場で使用する事が出来る自分だけのメモ帳に記入し、現場イメージを強く持つ事です。

1つの物事を相手に伝える為には、その伝えたい物事の10倍も20倍もの知識が必要なのです。

②「リラックス」とは……

話す側の緊張は聞く側の不安につながってしまいます。聞く側に納得して頂く為には「この人なら大丈夫！」といった安心感が必要です。

事前に準備して理解したメモ帳を見ながらで良いので勇気を持って言葉や行動してみる。慣れてきたら実際に人前で何度も繰り返すことにより自分の言葉、意図のある行動になり経験値が上がります。いつの間にかメモ帳を見なくても目で見た事や頭で思った事が言葉になる時がリラックス状態です。話す側のリラックスした状態での言動こそが、聞く側の安心感につながり、その場で必要な話の内容が伝わります。

③「利用」とは……

お客様の反応・行動を利用する事です。お声掛けやご案内を行いながらお客様のリアクションを拾って味方につけ、お客様の目線で考える事が出来るようにする事です。この利用を自分のものとして表現するには「理解とリラックス」が自然に表現出来てからなので、ワンランク上の習得になりますね。

業務内容を深く理解する事でリラックスが生まれ、お客様の反応を利用する事が出来ます。上手に話そうと思うのではなく、相手は今どんな情報を必要としているのか？

相手の立場にたって聞いた時に喜べる&納得できる言葉をチョイスすれば良いと思います。

それは、日常から培った自分の心の底から想う言葉だと思います。

緊張をほぐす意味でも『３つのリ』を

意識してみては？

④ ひたむきに「やり遂げる」

1人で出来る事は小さな事かも知れないけど、ひたむきにやり遂げていれば同意する仲間が集まった時に大きな出来事を成し遂げる事があると思います。

そこで私は「ひたむきにやり遂げる」人材育成において、研修で行っている事があります。

それは、私の質問に対して「知らない・わからない・重複する回答」などの返答を禁止する事です。

この効果は、以下の力を高めるのに期待ができます。

・質問を聞く集中力
・同席者の回答を聞く事で、1つの質問に対して正解が沢山ある事の認識
・重複回答NGから、別の回答を考える力
・不安でも実直に思った事を言葉にする力
・基本的に回答を否定しないので、アクションに対してリアクションを取る事への慣れ
・目の前の出来事から逃げない気持ち

これに慣れてくると、どんな状況でも物事に向き合い「やり遂げる」ようになります。
さらに、慣れてくると「待ち」ではなく「自発」の意識が高まります。

・過去の出来事を知る情報の蓄積
・今、どんな状態なのか自分を含めて全体を俯瞰して物事を見る
・これから起こりえる事を想像する

この3つも身に付き、自分の役割や仕事の意図を認識する事が出来るようになります。
人が集まる場所にはその数だけ様々な感情が集まります。

そのすべての感情が「来てよかった」になれば、とっても素敵ですよね。
しかしながら、イベント会場や職場でも嫌々であったり、仕方なく来る人が居ます。
特に研修は仕方なく受ける人ばかりです（笑）

そこで、紹介したようにアクション（質問）している私を放置しないで向き合い、ひたむきにリアクション（返答）をする。

その返答を質問している私が否定する事なく受け入れる事で「答えて良かった」の安堵感を感じ、次に回答する怖さが無くなります。

これを繰り返す事で集中力も高まり、その場が充実ある場所に変わります。

「なんとか返答する」＝「ひたむきにやり遂げる」姿は素敵です。

今、目の前にある出来事を放置しないで、なんとかリアクションをしてみて下さい。

それは「ひたむきにやり遂げる」になり、周りからサポートが生まれる素敵な状況になると思います♪

『知らない』ではなく

目の前のことにひたむきに考えて

まずは答えてみよう！！

⑤　3つの不正解

イベントは規模の大きさや期間の長さで人員数を決めていますが、たとえ1日開催の1ヶ所運営でも現場責任者1人では食事・トイレなどで現場を離れる場合もあり、目が行き届かない部分が出ます。

そんな時は、現場責任者の考え方を理解して表現出来る人員を配置します。その人員に必要なスキルは、責任者代行となる仕事に取り組む意識と表現力ですね！

私は運営とMCを兼務で担当する事が多く、どんな現場でも私要らずの運営が遂行出来るようにスタッフに伝え続けている事があります。

「私の不在時に安全を損なう危機回避以外で、判断をする時は【人の心が傷つく言葉使い】【人の身体が壊れる行為】【法律に触れる事】この3つに繋がる行為は絶対に選ばないで下さい。それ以外で対象者と携わる人が一緒に喜べるなら、何を選択しても良いです」

その後、私と会った時にその迷った出来事と判断した事を教えてもらっています。

学校では評価基準を定める為に、正解が1つのテストを行います。

テストの点数を上げる為に、教科によっては丸暗記などで一時的に記憶に詰め込んで回答し、テストが終わった後は忘れてしまうその場しのぎ的な事はあったと思います（笑）

しかし、社会人になると所属会社や依頼主に利益をもたらす数字が大きな評価基準となり、その数字を出す為に様々な役割や方法があり、さらに業種も様々で正解は1つではなく、「顧客満足度」という対象者の感覚的なものも含めて沢山あると思います。


また、その場しのぎで以前携わった業務を忘れてしまう事が多いと「次の仕事の依頼」は来ません。

そこで社会人になる前の学生スタッフ達には、アルバイトをする事で「自らの意思を表現する力と判断を養う力」を身に付けてもらいたいと思っています。

さらに、「仲間に伝えて巻き込む力」が備わると現場責任者代行も出来るからです。

感情を持つ人が集まる場所には、感情を持つ人が向き合うべきであり、1人で向き合える事はたかが知れています。

そこで、多くの人が集まる場所には多くの人が必要になり、その感情をコントロールする事が出来るのがエンターテインメントだと思います。

生活する中で、正解は沢山あるけど、人として絶対にしてはいけない事があります。

それは【人の心が傷つく言葉使い】【人の身体が壊れる行為】【法律に触れる事】です。

沢山のスタッフが聞き入れてくれて嬉しかったです(^^

どんな時でもこの３つはしないで〜〜

⑥ ひとり立ち

現場研修を実施する時に「トレーナー（ＴＲ）・トレーニー（ＴＥ）」でのマンツーマン指導法を導入し、ＴＲには現場経験値が豊富で、人と向き合う技術と心を兼ね備え、新人スタッフのひとり立ちを喜べるスタッフをシフトしていました。

座学研修で「なぜスタッフが必要なのか？」「どんな心得で何をするのか？」を明確にし、実際に勤務を全うする為には「やってみる」事が必要です。

ＴＲとＴＥは、常に行動を共にして視界から離れない
ＴＲが見本を示す
それを見て聞いたＴＥに少しずつ実際にやってもらう
良い感じの部分は褒めて自分のものにしてもらう
ＴＥが困る部分を見逃さない
ＴＥが困る場面は絶対に必要だが、やる気を削がないようにＴＲはサポートする

ＴＥが自ら考え言動して「やらされる」→「やりたい」の意識に持っていく
ＴＲは、来場者に不都合が生じる手前を判断してサポートする
出勤から帰るまで、ひとりで業務を遂行出来るようにする
タイミングを見計らって「見極め」をチーフにお願いする
「見極め合格」ならば「ひとり立ち」でローテーションに入れる
「ひとり立ち」に不安部分があればＴＲに伝え、再度トレーニング継続

この指導法において、重要なポイントは「ＴＥが困る」と「ＴＲが側にいる」なのです。
業務には、ひとりポジションがあり自分で対応するしかない時が発生します。その時に困らない為、現場研修中に「困る出来事を多く体験して、対処法を学ぶ」事が必要なのです。

やる気はＭＡＸで心得も理解している様でしたが、現場研修中の序盤では緊張して言葉を発する事が出来ないＴＥが居ました。しかし「見極め」時には、アトラクションを待つ来場者に向けて、決して流暢ではないけど話しかけたり答えたりの会話が成り立ち穏やかなひと時を演出していました。

そのシーンを見た私とＴＲは、顔を見合わせて思わず嬉し涙がこぼれていました。

上手くやるのではなく、カッコつけずに純粋に想いを表現している姿は美しい！

ＴＲを褒めると「私がＴＥの時に、ＴＲにしてもらって嬉しかった事をしただけです」と！

なんて素敵なスタッフ達なのでしょう♪


マンツーマン指導法は新人育成だけではなく、伝える側の成長にも繋がりますね（嬉）

ひとり立ちする背景には、

ＴＥ、ＴＲ、双方の成長があるんですね！

⑦ 起こり得る事を共有する

汐留イベントで15個のアトラクション運営チーフを担当しているある夏は1日50ポジションで51日間連続開催をしていた為、登録スタッフは300名を超えていましたが、有り難い事に主催者側の理解を得て心得研修と前日リハーサルを行う事が出来ていました。

まずは私が研修講師として全スタッフに下記4つの心得を明確に伝えます。

①作業ではなく人の気持ちと向き合う事を最も求めている
②1人で出来る事は限りがあるけど仲間が増えれば出来る事も増える
③来場者の笑顔や満足度の高さが私達スタッフの喜び
④働く自分と来場者も「来て良かった」と「また来たい」と思える環境作り

次に運営中で困る事を想像し経験スタッフに伝えます。

・経験者だけの輪が出来て新人が入れない
・経験者だけで運営を行い新人は放置

・新人だけの運営日が発生する
・新人に困った時が発生しても誰にも聞けずに右往左往して来場者が不快になる
・来場者が減り主催者に迷惑がかかる
・運営依頼は無くなり仕事場を失う

これを回避する為に前日リハーサルを行い、経験スタッフが新人スタッフを迎え入れてトレーニングする方法を導入しました。

経験スタッフと新人スタッフで別々のシフトを組みメニューのポイントを伝えます。
イ）新人が「ここで働きたい」と思えるように
ロ）初日に出勤する時の集合場所と持ち物
ハ）それぞれの現場から見える目線とインフォメーションまでの動線
ニ）新人を来場者としてアトラクションの参加
ホ）時間内で終える

ほぼマンツーマンでシフトを組みましたが、経験スタッフは「伝える事の難しさ」と「新たな仲間との出会い」

を学ぶだけでなく実際の運営中もこまめな思いやりのある声かけが溢れ8月後半はシフト作りで不足に悩む事もない程、全スタッフの勤務希望者が多かった事を記憶しています。

すべての経験スタッフが優秀だった事と「困る事の想像を共有」出来た事が満足度の高い結果に繋がったと思います。

新人スタッフも経験スタッフも
互いに思いやる声かけをすることで、
素晴らしい空間が生まれるね！

DJ 西尾のパワーチャンネル

『vol.9　起こり得る事を共有する』

⑧ 変化に気づき適応する

過去に18回携わった、高校サッカー事務局から「第100回 全国高校サッカー選手権大会」の会場事業マネージャーの業務依頼を受けました。

事務局次長に、私に対する「依頼」の意味合いを聞くと、

・長年一緒にやって来たので、記念の100回大会に参加してもらいたかった。
・大会日程変更により、急きょ欠員枠が発生したので。
・経験者なので、業務意義や心得の説明が不要だから。
・どんな状況でも「なんとかしてくれる」印象がある(嬉)
・他の誰でもなく「西尾さん」しか、適任者として思い浮かばなかった(笑)

世の中の変化と共に、仕事の取り組み方にも変化が生まれています。
さらに、世代交代で取り組んでいる組織内において、変化に適応する事が出来なければ、経験値があるだけの

「過去の人」と揶揄されてしまう可能性があるのに、私に依頼をしてくれた事務局次長と事務局リーダーの勇気に感謝です。

そこで私は、この依頼してくれた勇気に応えるべく

・「全国高校サッカー選手権大会」を開催する運営と放送をする意義
・「高校サッカー事務局」の存在意義
・事業マネージャーの存在意義と職責の意図

という変わらない想いを再確認し、世の中の状況と合わせ、職責の変化がある事を受け入れて準備し、担当会場にシフトされた各ポジションの方々と協力して責務を全うしました。

何度も繰り返し行っている事や同じ仲間がいる環境では、よく「今まで通り」の言葉が使われていますね。
しかし、この「今まで通り」という便利な言葉には、変化を見逃して「やらかしてしまう」怖さが潜んでいると思います。
それは「今まで」という言葉が、大切なコトを隠しているのかも知れません。

私は、依頼してくれた人の判断を正解にしたいので、「今」を受け入れた中で、大切なコトの優先順位や、どのような行動が望ましいのかを、状況ごとにイメージして「今まで」ではなく「通りの良い出来事」になるように取り組んでいます。

今後も、変化に適応して「依頼される自分」でありたいです。

繰り返しの依頼には

『今まで通り』だけではない理由が

隠されていますね！

⑨ 働く事で得られるモノ

ジャイアンツ宮崎春季キャンプのインフォメーション運営を2002年から担当させて頂きましたが、有難い事に2017年からは沖縄春季キャンプも1軍選手の移動に合わせて、イベントMC兼人材育成アドバイザーを3年間担当させて頂きました。

沖縄でもスタッフに対しては、開催前に心得研修を行い日々の運営では業務テーマに合わせたコンセプトを表現出来るように物事の意味を伝え、問いかけながら「やらされる仕事」ではなく「やりたい仕事」への進化を実現します。

《主に、スタッフに伝えている事》

★私が球団と那覇市から依頼されている事を遂行する為に皆さんは「無くてはならないメンバー」です。

それは「人の出会いは補い合う為」だと思っているからです。

なので「私の足りない部分を埋めて下さい」(笑)

皆さんは働いた事で今回の仕事や私との出会いを、自分のプラスにして頂ければと思っています。

①スタッフ１人１人に役割があり、無事にポジションが埋まる事で仕事が始められる
②ポジションの意味を理解して遂行する事で、テーマを全う出来る
③春季キャンプを実施する球団の意図を背負い、来場者に理解して頂く
④来場者、十人十色の気持ちと向き合う
⑤スタッフ間の連携が高まる事で、誰もが安全で満足度の高い１日にする事が出来る
⑥少ないルールを守る事で、厳しいルールを作らなくて済む
⑦私のアクションに無視する事なく、リアクションをして欲しい

このような事を、朝礼・運営中・終礼を通じて、日替わりに出勤するスタッフと向き合います。

私は「感情を持った人が来る場所には、感情を持った人が向き合うべき」との持論があるので、笑顔・声の大きさ・身振り手振りを自然体で表現してもらいます。

もちろん、最初から望み通りに出来ないのは理解しているので、私やディレクター・経験者の「良い部分」を真似てもらうようにしています♪

沖縄春季キャンプ業務を終えたお別れの時、ある大学生スタッフが「今回の業務は、お金を支払ってでも得たい事を、バイト代をもらって体験させて頂きありがとうございました。今、進路に悩んでいましたが、今回の経験で迷いなく教師になりたいと思います」と、かなり嬉しい想いを話してくれました。

「働く」とは、人が動くと書きます。

私と一緒に働いたメンバーはどの現場でも、心と身体を動かして私の足りない部分を補ってくれました。月日が経ち、皆さんの立場は様々だと思いますが、私を思い出す事で心躍るひと時になれば嬉しいです♪

「人の出会いは補い合う為」、そして「仕事は人助け」

仲間と補い合うことで、人助けに繋がり

尊い経験になっていくんだね！

⑩ 人の成長度合いと伝え方

友人の部長は、

『他部署の定例会で、2年目社員とその指導係に対し「2年目の○○は成長していない！本人もだけど指導している○○が悪い！お前ら、ちゃんとしてくれ！」と課長は叱咤していたらしい。厳しく接する事で伸びる社員はいるのかも知れない。だけど、人の成長する度合いはそれぞれで、課長の「言い方」は配慮が足りないと思う』

と嘆いていました。

そこで私は、

「成長」とは漢字から見ると「短いモノが長くなる事」。

植物は、寒暖差や水・太陽光、さらに間引くなどの調整があると、ストレスを感じて栄養の凝縮や偏りが生じる。植物の成長とは「生きる」の一択。

次に動物は、空腹などの欲に対して自己的に行動する生き物で、植物と違いストレス過多になると自身や他を傷つける行為をする。動物の成長は「生きる」と自発的に動く「感情」という攻撃の行動が加わる。

そして人間は、「生きる」と「感情」を持つ動物の分野に該当するけど、動物よりも感情をコントロールする「理性」を持っている。

人間社会の物事には意図や理由があり、状況判断で「感情」を調整し、言葉や行動で表現する事が出来る。
人間の成長とは「生きる」と「感情」に「理性」が加わる。

なので「お前は成長していない」や「指導係が悪い」と言われた部下達が「その通り・サボっていた」と反省し、その後、改善に向かうのならＯＫ！

しかし、その部下達が「責められている・どこが？」と不満が出るのなら、課長の「言い方」に問題あり。

☆所属部署の業績が思い通りの状態にならない事で、部下に対する苛立ち。
☆部下達に対して具体的な指針や到達点の指示もなく、偉そうな思いつきの発言。
☆自分の経験だけで「型にはめて」の浅はかな発言。
と思われがちなので、

★会社の経緯と雇った意図と身近な出来る事を重ねて到達点を具体的に共有する。
★今やるべき事が何に繋がっているのかを理解してもらう会話をする。
★本人の心の声を聞き、自発的に取り組めるような環境にする。
★「一緒に仕事をしたい・あなたが必要」と心から想い表現する。

社会経験を重ねた指導者・上司・先輩とは、後輩に対して事前にコンセプトや期限を含めた具体的な「ありたき姿」を伝え、到達していたら「成長している」と評価し、到達していない場合は、本人達と話し合って原因を探し、改善すればいいと思う。

と話しました。

「会えて良かった」という指導者・上司・先輩になるには、感情をコントロールする「理性」を持った上で、誰もが聞き入れてくれる表現力とタイミングを磨いて行きたいですね♪

「１人１人答えは違う」

どう返答していくのがその人に合っているのか

見極めたいですね！

ＤＪ西尾の 9つの職歴

社会人として初めて働いたのは「衆議院議員会館の食堂」でした。4か月勤務しましたが、辞めるキッカケは「歌手になる」でした（笑）

2つ目は「茅場町のカフェ」。食べてくれる人の喜びを感じていましたが、音楽活動とのバランスが取れずに身体を壊して2年で退職。

3つ目は「東京ディズニーランド運営キャスト」。アトラクション5つを担当し、ファミリーエンターテインメントの向き合いが楽しくて7年勤務し、ライブハウスからのお誘いがあり退職。

4つ目は「下北沢のライブハウス」。食事と音楽で満たされる空間を演出するコンセプトで、自分も2回ほど出演しましたが、食事を必要としないバンドのブッキングばかりで、接客が必要でなくなり4か月で身売り。

5つ目は「幕張のリゾートホテル」。ベルボーイとして「ストレスのない非日常な街」をコンセプトに、訪れる方々のお手伝いさせて頂き喜びを感じていましたが、

Jリーグ開幕に合わせて開店するグッズ店に仲間から誘われて2ヶ月で退職。

6つ目は「日本テレビサービス」が運営するヴェルディクラブショップ「ヴェルディーノ」。アルバイト2年、店長になって契約社員3年、正社員になり出向でヴェルディ職員も3年。その後、日テレスポーツ局・営業局・イベント事業局などの企画運営で14年在籍。

「筋書きのないドラマ」のスポーツエンターテインメントと「準備と決断でやり切る」といった非日常なエンターテインメントを関係者として経験させて頂きました。

7つ目は、子会社の業務編成に伴い「日テレイベンツ」に転籍。来場者とクライアントの満足度を高く叶えるイベント運営を遂行する事で、スタッフ育成の特異性を感じ、その部門をさらに磨きたくなり1年で退職。

8つ目は、イベント会社でMC・運営管理・人材育成をしていましたが、人生で初めて兄からの要望で「父親の介護を一緒に」と言われ、介護中心の生活にシフトチェンジ。

9つ目は、生前の父親が「やりたい事が明確なら、自分の責任でトライしてみろ」と息子達に言っていたので、2020年「Nマジック株式会社」を代表取締役として設立。

生前の母親からも「仕事がある事に感謝しなさい」と笑顔でよく言われ、9つの職場において、どんな仕事でも有難く本気で熱く向き合って来ました。結果的に、たくさんの人に助けて頂いたと思っています！

これまで「西尾光夫」と出会ってくれて、ありがとうございます。

転職は悪い事ではないし、自分と携わる仲間の「心と身体が健やか」である環境が得られるなら決断して良いと思います。

今は1人会社ですが「西尾光夫と携わりたい」⇕「Nマジック株式会社で働けて良かった」と感じ続けて頂ける人との出会いが、この先たくさんあるように、引き続き「今を大切に」して向き合って行きます♪

う〜ん！健やか！！

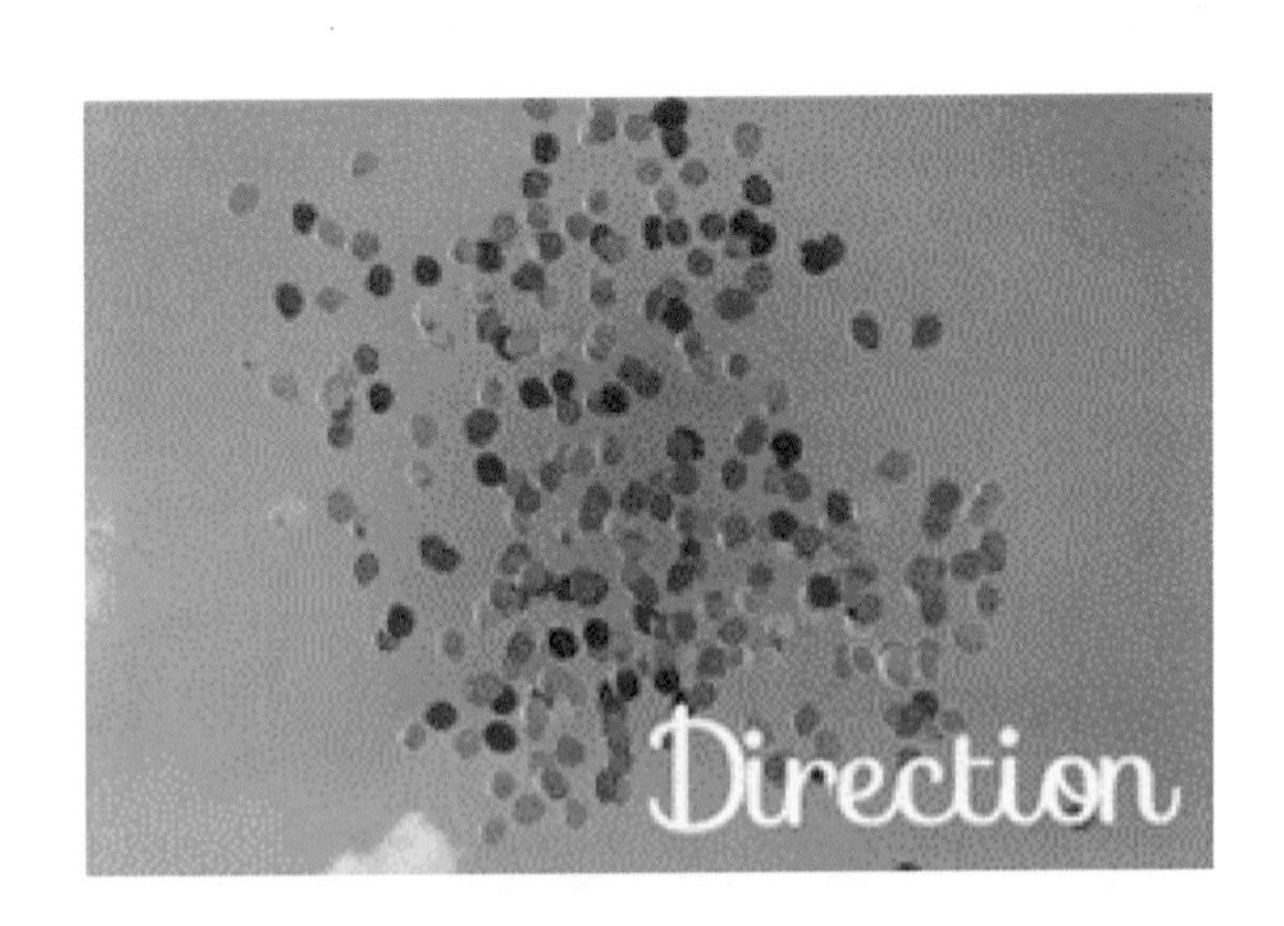
Direction

第5章：イベント運営について

熱くいこうぜ！

① ほうれんそうは大切なコミュニケーションツール

集団生活や仕事をしていると、指導者・先輩・上司から「報告・連絡・相談」が大切だ！と有難い教えを頂きますよね。

それを略して「ほう・れん・そう」と耳にします。

この大切な「ほうれんそう」で先輩や上司からこんな注意を受けた事がありますか？

「報告が遅い」

「なんで連絡出来ないの？」

「何も相談してくれないよね？」

私も20才代の頃、このような言葉を受けました。

その度に、

せっかく報告したのに遅いと言うなら「いつ報告して欲しい」と言って……。

そんなに急ぎで知りたい事なら「いつ報告して欲しい」と言って……。

いつも忙しそうにしているし、何を相談していいかわからない。

と感じて、その後、より上司と話すのを避けていました。

しかしながら、私は日テレ汐留イベントで運営チーフとして、毎日50ポジション、ひと夏約３００人の在籍するスタッフと向き合う中で「ほうれんそう」の意味を意識しました。

スタッフ全員と話す時間は限られているし、スタッフから声かけてもらっても応えられない時があるかも、という事は「ほうれんそう」は命令ではなく上司や先輩からのお願い事ではないかと！

その気づきを心得研修で伝え、運営中に意識しました。

終礼で知りたい事柄を、事前に伝えておくと漏れなく情報が揃い次回への作戦が練れた。

私が大切にしている事を常に繰り返して声かけしていると、瞬時に応えてくれて手遅れになる事なく安全が守れた。

出会うスタッフに興味を持ってこまめに声掛けしていると「西尾さんは私達１人１人を見てくれている」と心の扉を開けてくれて新たな発見を感じる事が出来た。

結果的にスタッフとの連携や信頼が深まり、私の担当するイベント運営はスタッフが自発的に言動しエンターテインメント性が高く演出する事が出来ました。

そこで「報告・連絡・相談」の意味をお伝えします。

【連絡】とは、「少しでも早く、今すぐに上司・仲間・来場者に伝えるべき内容」
【報告】とは、「急ぎではなく、帰り?次回勤務?など時間が経過しても相手に伝わる内容」
【相談】とは、「これから起こりえる事を想像して話す内容」

私は、この内容によって時間軸を明確にしました。

話しかけづらい上司、忙しい先輩になっていませんか?
「ほうれんそう」を仲間とのコミュニケーションを深める為にお願いしてみて下さい。

多くの人が働く環境の中でも

「ほう・れん・そう」があれば、

沢山の情報を入れることが可能になるね！

②　準備は具体的に！繊細に！

スポーツや仕事においても本番を良いものにする為に「準備が大切」とよく聞きますよね。

私がイベント運営チーフのオファーを受ける時は、テーマやコンセプトを明確にしてクライアントから何を求められているか?を確認します。

その後の準備期間は「起こって欲しくない状況を想像する」事から始めます。

例えば、

・交通機関のトラブル
・会場に対象者（お客様）が予定より少ない、予定より多い
・施設が整わない
・音響トラブル
・運営スタッフが揃わない
・備品や賞品が整わない
・天候の乱れ
・ケガ、病人の発生

このような「嫌な事」を出来る限り細かく想像します。

そして「起こらない為の手順」を割り出します。

もちろん私1人では対応不可能な部分が多々あるので、仲間と関係者と会話をしながら「嫌な事」を「起こらないように」埋めるようにして行きます。

だから、「ちゃんと」や「しっかり」ではなく、「何のために用意する」のか？さらに、「なぜこの数量が必要」なのか？と具体的な会話が生まれます。

またイベント開催中も「この後・明日・来週……。」と起こりえる事を想像して、来場者に一番近い運営スタッフとの会話を多くします。


このような方針をしていると何も起こらないし、例え「嫌な事」が起こっても具体的な言動を理解している現場スタッフの素早い判断と対応で速やかにクリアすることができます。


そして、結果的にスタッフの力量も高まり、周りからのスタッフ評価は上がります。

外から見ていた人はイベント開催後「西尾はスタッフや関係者と楽しそうに話しているだけなので、運営チーフは誰でも出来る」と思っている人も居たらしいです(笑)

私の運営方針は、自分が居なくてもイベントがクオリティ高く運営出来る事。

有難い事に一緒に働いてくれたスタッフは「私の必要性」や、私の運営方針を理解されているクライアントからは継続的にオファーを頂いていました。

私の運営方針の特長としての「準備」とは、マニュアル通りではなく具体的に！繊細に！この具体的な準備をしていると「大胆に決断する事」が出来て、良い結果がついてくると思います。

まさに「備えよければ憂いなし♪」

具体的に考えよう！

DJ 西尾のパワーチャンネル

『vol.21 スタッフとの会話の必要性』

③「店長の奮闘記」が番組にならなかった理由

日テレ海の家店長を担当している時に、日テレの情報番組から「店長の奮闘記」的なコーナーを撮りたいとオファーがありました。

私が日テレのイベント運営チーフをしている姿を見ていた番組プロデューサーの企画で、

・スタッフ同士の出来事
・店長のスタッフへの育成指導
・お客様とのエピソード
・売上げ向上への取り組み

……など

ひと夏で起こる出来事を番組にしたいとの事。

話を深く聞くと、

人間関係でのトラブルが起こった時に店長がどのように回避していくか？

また、店舗経営が思うように行かない時に店長はどのように回避していくか？

といった人情ドキュメントを撮りたいとの事でした。

そこで私が店長や運営チーフとして取り組んでいる事を伝えました。

・スタッフには雇う際に、店のコンセプトを伝えスタッフのやるべき姿と考え方を伝えます

・その考え方を理解出来ないスタッフは雇わないし、運営中はスタッフの小さな変化を見逃さずにスタッフの考えを聞きます。スタッフとしてのやるべき姿を遂行出来ないスタッフは辞めてもらいます

・売上げや集客については「もしも……。」を開店前に様々な回避方法を思案し、これまで結果を残し続けているから今回も店長を担当している

といった具合に、周りから見ていると何事も起こらない＝「未然に防ぐ」ように準備しているという事です。

すると番組プロデューサーは、苦笑いしながら「西尾さんらしいですね。しかし、何も起こらないなら、番組にならないですね」と。

残念ながら「店長の奮闘記」は番組になりませんでした(笑)

安全はひとりでは守れません。

その事業に「携わる人の意識と目と言動」で安全は保たれます。

それは、物事の小さな変化を見逃さない事と、起こりえる事を想像して未然に防ぐ事だと思っています。

「何も起こらない！」が一番の安全になりますね。

まずは「安全」が最優先！

事故が起きてからでは遅いんです（＾＾；

④ 控え室の充実

人にはそれぞれ生活して来た習慣や家庭における決まり事があると思います。

幼稚園や保育園、義務教育で集団生活を学び、自分の家では当たり前だった事が同年代の家庭では行っていなかったりして「普通は……。」なんて会話が生まれているでしょう。

アルバイト勤務する高校生・大学生・フリーターは、年齢・性別、育って来た土地や環境の違いがあり、人が集まる仕事場でもその生活習慣の違いから、あるスタッフが当たり前と思っている事が当たり前ではなく、やって当然と思える行為が当然ではない事が発生します。

その気持ちのすれ違いから「あいつは……。」「あの人は……。」と批判やネガティブな発言が生まれてチームワークは崩壊します。

そこで、私は「心得研修」という業務経緯・スタッフコンセプト・約束事を伝えるメニューを運営が始まる前に実施しています。

その約束事の1つで「控室は常にきれいに」があります。

・共有する使った備品は、元にあった場所に戻す
・紙コップには名前を記入して、注いだ飲み物は必ず飲み干す
・消耗備品の補充はリアルタイムでは出来ないので、余裕を持って残量を伝える
・テーブルは車座に設置し、座った後のイスはテーブル内に戻す
・ゴミは小さくして分別回収
・弁当は残さない（アレルギーや食が細い人は、食べる前に仲間に食べてもらう）
・控室でプライベートの行為はしない
・孤独はなしで、お互いに話しかけて巻き込む
・運営マニュアル、連絡ノート、必要資料はテーブル中央に位置して常に見やすくする

年齢や経験値の違うチーフやディレクターも同じ控室を使い、運営中はデスク作業を控えて、スタッフテーブルに座り雑談を交えながらスタッフ1人ひとりの体調や性格を見抜き、スタッフがブレイク終わりで控室を出る前には、運営に向かう気持ちをＯＮにする会話を心掛ける事が必要です。

すると、相乗効果でチーフはお客様に一番近いスタッフの声を聞く事が出来てお互いにＷＩＮな時間が過ごせます。

そこで控室では約束事を守って、

・来場者と向き合う為に、水分補給や栄養補給で健康管理をします

・来場者と向き合う為に、チーフや仲間と情報交換をします

控室の環境を整える事が、人の心を整える事に繋がり運営は安定します。

誰が見ても来ても、居心地の良い〝控室〟を充実させてみませんか♪

決まった場所に置いてあると

誰が見ても分かりやすいですね♪

⑤ 美しい場所から生まれるもの

突然ですが、あなたは、
ゴミが散乱している場所に居たいと思いますか？
汚れている場所に行きたいと思いますか？

プライベートの場所はそれぞれの性格や生活状況が違うので触れませんが、不特定多数の人が訪れる場所は、整理整頓されていて衛生面でも美しい場所が居心地の良い場所だと思います。

ＴＤＬでアトラクションキャストを担当している時に、パーク内には「カストーディアル」と呼ばれる清掃専門のキャストと仲良くしていました。
アトラクション周辺だけでなくトイレも常にキレイで、時間帯で待機列エリアの減少をすると、私達が運営に専念出来るようにすぐに来てくれてキレイにしてくれます。
視野が広くエリア情報はアトラクションキャストより優れていて頼りにしていました（笑）

日テレ季節限定イベントの運営チーフを担当した時に感じた事があります。

オフィスビルや敷地内の清掃担当部署は存在していてイベントが無い期間はキレイで美しく居心地の良い環境でしたが、敷地内に期間限定でアトラクションを造作して、ゴミ箱も少ない場所に1日約2～3万人の人が集まるイベント会場の対応する体制ではありません。

そこで私は、毎日約50人が出勤するイベント運営スタッフに「小さめのレジ袋」を持ち歩いてもらい、アトラクション周辺はもちろん、ポジションチェンジや控室までの行き来においてゴミを拾う事をルールとしました。

「小さめのレジ袋」は、

・たたむと小さくなりコスチュームのポケット内に目立たずに収まる
・いつでも取り出せる
・紙屑などのゴミを袋内に入れても空気を抜けば小さくなり再びポケット内に収まる
・貯まったゴミは控室内のゴミ箱に取り出せば、何度も使える耐久性がある
・濡れたゴミは袋に手を入れて掴み、そのまま裏返しにすれば手もポケットも汚れない
・ポケットに収まらない大きめのゴミも、袋内に収まればスタッフの手は汚れない

この実施で、イベントエリア内の美化は保たれて居心地の良い空間を演出できていたと思います。

スタッフ達はゴミを拾う相乗効果で視野は広がり、来場者だけでなく天候や造作物の環境も気にするようになり情報収集が上達していました。

出来ない環境を嘆いているより、与えられた環境の中で物事の本筋を明確にすれば、これまでの経験から「今出来る方法」が見つかると思います。

美しい場所に人は集まりますね♪

DJ西尾のパワーチャンネル

『vol.8　綺麗な場所から生まれるもの』

⑥ 見守るリーダー

年齢や経験値の高い人がリーダーや責任者を担当している事が多いと思います。
リーダーや責任者が存在するのはチームがクオリティ高く機能する為ですが、その年齢や経験値の高い人の考え方や態度でチームの質が左右される事があります。

その一つが「見張る！見守る！」の認識です。

「失敗は嫌」「チームメンバーの失敗で自分の作業が増えるのは嫌」
この思いが強いリーダーは「〜して下さい。」が多く、自分が伝えた事が出来ているのかが心配になり、現場では【見張る】ようになってしまいがちです。

この【見張る】は、
・間違い探しをされている
・注意される（られる）

・見張られて「ちゃんとしないと」のプレッシャーで動けない

などと、メンバーにとっては良い気分では居られないと思います。

そこで私は、

・参加者や仲間と一緒に「喜怒哀楽」を表現してチームで動こう
・緊張感を持つ事は大切だけど、緊張して表現出来ないのではオンステージに出さない
・バックステージで自分の言動を準備して、オンステージでは「人と向き合おう」
・困ったら周りの先輩や私を探して
・個々の力量を上げて補い合う事でチームになる
・相談や連絡もない中での失敗には頭を下げたくないので、事前に相談させて

などと、普段から声をかけ続けています。

そして、実際のオンステージでは、

・困った時に声のかけやすい位置に居よう
・聞く耳を持っている時に話しかけよう
・私の存在を見て緊張や誇張してしまうスタッフには見つからないようにしよう

・自分では気づいていない良い言動や出来事を細かく見て褒めよう
・全メンバーに対しての伝え方と、1対1での伝え方の違いを気にしよう
リーダーや責任者としてこのように意識をしています。

しかしながら「見守ってくれている」のか「見張られているのか」の認識はチームメンバーがするものですけどね！

出来れば私は【見守る】リーダーや責任者でありたいと思います（笑）

上から目線で「見張る」のではなく
同じ仲間として「見守って」いたいです♪

⑦ 「だろう運転は、やめようぜ！」

交通安全週間に【だろう運転はダメ！】的なポスターを見た事があります。

この「大丈夫だろう」は運転者や歩行者への警鐘だけど、安全で健やかなイベント運営を遂行する際にも大切な事だと思いスタッフ達に伝えていました。

何でも気にする私は、イベント運営中にこんな言葉を耳にした事があります。

「こんなに頑張ったから大丈夫だろう」

「このブースは費用を多く使って作ったから大丈夫だろう」

「たくさんスタッフがいるし自分1人ぐらい休んでも大丈夫だろう」

これらの発言で「大丈夫だろう」は何に対してなのかを考えてみました。

《頑張った》→何を？どうやって？何に比べて？

《費用を多く使って作った》→何を基準？どこに多く使った？誰に向けて作った？

《休んでも》→1ポジションが不足になるけど？シフトを作った人の気持ちは？

自分が携わる事ではなく当事者でもない出来事に対しては「大丈夫だろう」と使う時はあるけど、上記の使い方は無責任であるし自分勝手な都合の使い方だと思いました。


そこで、上記文章の何が「大丈夫」なのかは、

《頑張った》→これまで足りなった部分も準備した。

《費用を多く使って作った》→安全面を重視は変わらずにギミック部分に拘った。

《休んでも》→3日後の出勤日ですが、体調を崩してしまい代わりを見つけて欲しい。

このように意味を明確にして「だろう」を使わずに、対象者に相談事として「大丈夫ですか？」の問いかけが良いと思います。


イベント開催は、準備・本番・撤収をそれぞれのスペシャリスト会社がチームを組んで実施されています。

「大丈夫だろう」を連絡もなく自分勝手な都合で思い込んでいたら開催する事が出来ないだけでは無く、たとえ開催したとしても「大丈夫だろう」のイベント運営をしていたら「次の仕事依頼」は無かったと思います。

「だろう運営は、やめようぜ！」を聞き入れてくれたスタッフ達に感謝しています♪

安易な気持ちでの「だろう」は辞めて、

広い視野をもって判断したいですね♪

Ｎマジックのコーポレートカラーは

【グリーン】です♬

⑧ 居心地の良い場所

イベント開催だけに限らず人を集める施設には有料と無料の場所があります。

2003年から始まった「日テレ汐留イベント」。

当初の開催コンセプトは、

「新橋という土地はオフィスビルが多く平日はサラリーマンやOLが訪れて賑わいでいるけど、週末になるとゴーストタウンのように静かになる。そこでメディアが持つエネルギーを使って週末と行楽シーズンは子供連れの家族や恋人達が笑顔で訪れる場所にする！これを実現する事で本社を移転して来た新参者の日テレが、住民や新橋・汐留という土地に受け入れてもらう！」

として、

週末は観覧自由でステージが無い「大道芸人」の投げ銭方式パフォーマンス。春・GW・夏・冬の行楽シーズンはテーマを設けて大規模でも来場者のストレスを少なくする為、入場料は無くアトラクション参加も無料のイベントでした。

私は 2005 年春からすべての行楽シーズンを運営チーフや会場ＤＪを担当し、2009 年からは会場ＤＪのみで参加させて頂きました。

ある夏の日、昼のＤＪタイムを終えて会場内のネタ収集をしていると、毎日のように来ているおじいちゃんを見かけたので、いつもの挨拶をしますが元気がありません。

おじいちゃん：「ね～西尾さん！俺は毎日ここに来ているけど邪魔じゃないかい？」

私：「なんか嫌な事あったの？私達はおじいちゃんの事を邪魔なんて思った事はないよ！いつもＤＪブースから見える大階段に座って楽しそうに聞いてくれて、こうやって会うと笑顔で挨拶してくれる。会えるのを嬉しく思っているので遠慮なく来て下さいよ！」

おじいちゃん：「ホント♪ありがとう。俺さ～定年退職してしばらく家に居たけど家族に煙たがられて居場所がなく、昼間は散歩に出かけるようにしていたら入場無料のここを見つけて散歩コースにしたんだ。それから西尾さんのＤＪタイムを聞くのと若いスタッフの輝いている姿を見るのが楽しみなんだ。だけど子供連れの家族や若い子達がたくさん居る場所に、こんなおじいちゃんが居たら迷惑かな？と思ってさ……。」

人の数だけストーリーがあり想いがある。

私達の生活には自分の想いを話せる相手が必要で、お互いにその想いと向き合い衝突ではない会話をする事で「居心地の良い場所」が出来るのかも！

イベントは有料と無料で目的の違いはあるけど、どちらも非日常な空間だからこそ、モラルさえ守れば日常に活かせるキッカケの場になれると思います！

それぞれの来場者にとっての

「心地よさ」を生み出していきたいですね♪

⑨「気持ちスイッチON・OFF・ニュートラル」

練習では思い通りに出来るのに本番で結果が出ない事がありますよね。

趣味は引退や辞めるといった期限がなく本番で結果が出なければ失敗の原因を課題として次の本番に向けて練習すればいいと思います。

しかし「仕事」というプロフェッショナルの環境では、期限があり失敗をすると次の仕事の依頼は無くなり社内でも信用を失い仕事をする場所を失う事もあります。


イベント運営という接客業においてお客様の前に出る時は服装やネームタグの違いが無ければ社員もアルバイトも見分けがつかないと思います。

そこで私は学生でもフリーターでも社員でもお客様と一緒に過ごす場所では「気持ちスイッチ」をONにする事をお願いしています。


では「気持ちスイッチ」をOFFにするのはいつでしょうか？

それは自宅において1人で過ごす時だけなのです！

しかし人間には体力も気力も限りがあるので「気持ちスイッチ」をＯＮにし続けていると疲れ過ぎてパフォーマンスは低下し、知らぬ間に「気持ちスイッチ」が自分でコントロールの効かない自動ＯＦＦになってしまいます。

そこで「気持ちスイッチ」の《ニュートラル》を思いつきました♪

この「気持ちニュートラル」はいつでも気持ちをＯＮやＯＦＦにする事が出来る間の状態で、頭の中にイベント運営中にご案内した来場者が身近にいるかも知れないという思いやりのある気持ちのコントロールをする事です。

【運営向上の為に仕事の話は多いにするべきだけどプライベートではない時間】
①イベント会場で入場規制をしてスタッフや関係者だけが利用する通路や舞台裏
②イベント開催中のスタッフ控室

【プライベートだけどイベント来場者の楽しみや喜びを大切に思う時間】
③イベント会場からの行き帰りで利用する公共交通機関

④私服で訪れた不特定多数の人が訪れる飲食施設や娯楽施設
⑤イベント関係者以外の家族や友人

エンターテインメント業界以外でもこの「気持ちスイッチON・OFF・ニュートラル」を使う事で日々の生活が練習になり「人との向き合い」が身に付くだけでなく、特に接客業においてプロフェッショナルで失敗のない本番を表現出来ると思っています♪

思いやりの気持ちを持って

スイッチを切り替えていこう♪

⑩ スケジュールの匠

来場者が多いイベントでは多くのスタッフを必要とします。経験値の高いスタッフが開催期間中すべて勤務出来ればポジション数を埋めるだけでよいのですが、開催期間が長い場合は休息や休日も考慮してスタッフを多めに雇い「スケジューラー」という職が必要になり、私は運営チーフ兼任でシフト作りをしていました。

まず実施内容に合わせた必要ポジションの割り出しをして、スタッフからは勤務可能日と時間帯を提出してもらいます。

①私と一緒に働いた経験値（性格・能力）
②年令・性別・最寄り駅
③実家？一人暮らし？
④学生？フリーター？
⑤朝型？夜型？
⑥他のアルバイトや仕事をしているのか？
⑦紹介？一般公募？

ひとり1人の7項目をチェックしながら出来る限り希望に沿うようにスケジューリングして行きます。

提出された勤務可能日は私の心得研修を受けて「心が動いたスタッフ」からのメッセージだと思っています。勤務する事で実体験を重ね「もっとここで働きたい」と「ここで働けて良かった」と感じてもらいたいのです。

ある学生スタッフは授業後の夕方から毎日のように他のアルバイト先で長く勤務して必要とされている為、季節限定で開催しているイベントの勤務可能日は午前中のみでした。

夏の暑さで体力を奪われる現場において、誰よりも汗をかいているけど元気な笑顔は魅力的で短い勤務時間でもイベントの質が上がる人材としてスケジュールしていました。

すると

「短い勤務希望なのにシフトしてくれてありがとうございました。おかげで新たな仲間と素敵な経験を得る事が出来ました。」

とコメントをくれました。

スタッフ雇用はポジションの人数合わせではなく現場のクオリティ確保&顧客満足度向上の為だと思います。

ひとり1人と向き合いお互いに「この仕事が出来て良かった」となる要素としてスケジューラーの力量が必要だと思います。私にその力量があったのかは不明ですが、私のスケジュールしたシフトで勤務してくれた皆さん本当にありがとうございました♪

ひとつひとつの材料が重要なのは、

ケーキもシフトも同じですね♪

ＤＪ西尾の実績～人材育成編～

実施年	項目名	継続年
1988 〜 1992	TDLアトラクショントレーナー	1988～1992
1995 〜 1999	ヴェルディーノスタッフ育成	1995～1999
2002	本須賀海岸　夏季限定･イベント企画・運営指導	単発
	「巨人軍宮崎春季キャンプ」インフォメーション運営スタッフ育成講師	2002～2006,2016～2020
2003	「巨人軍宮崎春季キャンプ」インフォメーション運営スタッフ育成講師	2002～2006,2016～2020
	「日テレ海の家　SEA ZOO」スタッフ採用面接＆スタッフ育成講師	2003,2010～2018
2004	「巨人軍宮崎春季キャンプ」インフォメーション運営スタッフ育成講師	2002～2006,2016～2020
	「日テレ海の家４-tune」店長兼スタッフ育成	単発
2005	「巨人軍宮崎春季キャンプ」インフォメーション運営スタッフ育成講師	2002～2006,2016～2020
	日テレ汐留イベント（GO！SHIODOMEジャンボリー） アトラクションブーススタッフ育成	2005～2008
2006	「巨人軍宮崎春季キャンプ」インフォメーション運営スタッフ育成講師	2002～2006,2016～2020
	日テレ汐留イベント（GO！SHIODOMEジャンボリー） アトラクションブーススタッフ育成	2005～2008
2007	日テレ汐留イベント（GO！SHIODOMEジャンボリー） アトラクションブーススタッフ育成	2005～2008
2008	日テレ汐留イベント（GO！GO！SHIODOMEジャンボリー） アトラクションブーススタッフ育成	2005～2008
2009	フジテレビ お台場合衆国「めちゃイケ」 アトラクションブース　スタッフ育成	2009～2014
2010	「日テレRESORT@sea zoo」スタッフ採用面接＆スタッフ育成講師	2003,2010～2018
	フジテレビ お台場合衆国「めちゃイケ」「ミタパン」 アトラクションブース　スタッフ育成	2009～2014
	家電量販店Mac販売スタッフ モチベーションミーティング講師	単発

実施年	項目名	継続年
2011	「日テレRESORT@sea zoo」スタッフ採用面接＆スタッフ育成講師	2003,2010～2018
	フジテレビ お台場合衆国「めちゃイケ」 アトラクションブース　スタッフ育成	2009～2014
	「ジャイアンツフェスタ」での日テレモバゲー販促スタッフ育成	単発
	「京王モール　懐かしの昭和フェスティバル」　運営スタッフ人材育成	単発
2012	「日テレRESORT@sea zoo」スタッフ採用面接＆スタッフ育成講師	2003,2010～2018
	フジテレビ お台場合衆国「めちゃイケ」「ピカルの定理」 アトラクションブース　スタッフ育成	2009～2014
	「巨人軍レジェンズシート　運営コンパニオン育成」講師	2012～2013
	「東京ヴェルディホームゲーム来賓関係者及び報道受付担当スタッフ」 育成トレーナー	2012～2014
	「NHK技研公開２０１２　運営スタッフ育成」講師	単発
	「天皇杯　ヴェルディ２回戦　チケット販売業務」 運営スタッフ育成トレーナー	単発
	「宮崎空港ビル　販売スタッフ育成セミナー」講師	単発
	「光が丘IMA専門店街　大抽選会　運営スタッフ育成」トレーナー	単発
2013	「日テレRESORT@sea zoo」スタッフ採用面接＆スタッフ育成講師	2003,2010～2018
	フジテレビ お台場合衆国「めちゃイケ」「ピカルの定理」 アトラクションブース　スタッフ育成	2009～2014
	「巨人軍レジェンズシート　運営コンパニオン育成」講師	2012～2013
	「東京ヴェルディホームゲーム来賓関係者及び報道受付担当スタッフ」 育成トレーナー	2012～2014
	日テレ汐留イベント（季節限定各種）スタッフ育成	2013～2018
	「宮崎空港商事　新入社員研修」講師	単発
2014	「日テレRESORT@sea zoo」スタッフ採用面接＆スタッフ育成講師	2003,2010～2018
	フジテレビ お台場合衆国「めちゃイケ」「男気縁日」 アトラクションブース　スタッフ育成	2009～2014
	「東京ヴェルディホームゲーム来賓関係者及び報道受付担当スタッフ」 育成トレーナー	2012～2014
	日テレ汐留イベント（季節限定各種）スタッフ育成	2013～2018
	「東京マラソン　日テレG＋販促」スタッフ育成トレーナー	単発
	「ジャイアンツ・ウイニング・ゲームカード」販促スタッフ育成	単発
	「キリンサッカーフィールド」スタッフ育成トレーナー	単発
	「カワサキコーヒーブレイクミーティング」運営スタッフ育成トレーナー	単発

実施年	項目名	継続年
2015	「日テレRESORT@sea zoo」スタッフ採用面接＆スタッフ育成講師	2003,2010～2018
	日テレ汐留イベント（季節限定各種）スタッフ育成	2013～2018
	「新小岩　商交会まつり」スタッフ育成講師	2015～2019,2022～2023
	「巨人軍春季キャンプ・日テレジータス販促ブース」スタッフ育成講師	単発
	「東京大マラソン祭り」スタッフ育成講師	単発
	「ITX株式会社　四国支部販促担当研修」スタッフ育成講師	単発
	「ITX株式会社　リーダー研修」講師	単発
	「日大藤沢中学校1年生・キャリア講習」講師	単発
	「キリンドリームティーパーティ受付」スタッフ育成講師	単発
	「イクスピアリ・ゴーストハントツアー」スタッフ育成	単発
2016	「巨人軍宮崎春季キャンプ」インフォメーション運営スタッフ育成講師	2002～2006,2016～2020
	「日テレRESORT@sea zoo」スタッフ採用面接＆スタッフ育成講師	2003,2010～2018
	日テレ汐留イベント（季節限定各種）スタッフ育成	2013～2018
	「新小岩　商交会まつり」スタッフ育成講師	2015～2019,2022～2023
	「ふなっしーカレンダー発売記念イベント」スタッフ育成	2016～2018
	「城西国際大学3年生へ」モチベーションUP＆話しの伝え方特別講師	単発
2017	「巨人軍宮崎春季キャンプ」インフォメーション運営スタッフ育成講師	2002～2006,2016～2020
	「日テレRESORT@sea zoo」スタッフ採用面接＆スタッフ育成講師	2003,2010～2018
	日テレ汐留イベント（季節限定各種）スタッフ育成	2013～2018
	「新小岩　商交会まつり」スタッフ育成講師	2015～2019,2022～2023
	「ふなっしーカレンダー発売記念イベント」スタッフ育成	2016～2018
	「巨人軍那覇春季キャンプ」インフォメーション運営スタッフ育成講師	2017～2020

実施年	項目名	継続年
2018	「巨人軍宮崎春季キャンプ」インフォメーション運営スタッフ育成講師	2002～2006,2016～2020
	「日テレRESORT@sea zoo」スタッフ採用面接＆スタッフ育成講師	2003,2010～2018
	日テレ汐留イベント（季節限定各種）スタッフ育成	2013～2018
	「新小岩　商交会まつり」スタッフ育成講師	2015～2019,2022～2023
	「ふなっしーカレンダー発売記念イベント」スタッフ育成	2016～2018
	「巨人軍那覇春季キャンプ」インフォメーション運営スタッフ育成講師	2017～2020
	「株式会社 日テレイベンツ　アルバイトスタッフ人材育成プログラム」講師＆アドバイザー（年間）	2018～2019
	「東京オリンピック・パラリンピック大会に向けた千葉市ボランティアリーダーの心得研修」講師	単発
2019	「巨人軍宮崎春季キャンプ」インフォメーション運営スタッフ育成講師	2002～2006,2016～2020
	「新小岩　商交会まつり」スタッフ育成講師	2015～2019,2022～2023
	「巨人軍那覇春季キャンプ」インフォメーション運営スタッフ育成講師	2017～2020
	「株式会社 日テレイベンツ　アルバイトスタッフ人材育成プログラム」講師＆アドバイザー（年間）	2018～2019
	「ふなっしーバースデーパーティー」スタッフ育成＆運営アドバイザー	単発
2020	「巨人軍宮崎春季キャンプ」インフォメーション運営スタッフ育成講師	2002～2006,2016～2020
	「巨人軍那覇春季キャンプ」インフォメーション運営スタッフ育成講師	2017～2020
	「おおや歯科」経営アドバイス	単発
2021	「株式会社 アクティブ　既存社員心得研修」講師・アフターフォロー面談	単発
	「株式会社 アクティブ　リーダー研修」講師	単発
	ワクチン職域接種会場の運営スタッフ育成（アドバイス）	単発
2022	「新小岩　商交会まつり」スタッフ育成講師	2015～2019,2022～2023
	G-STORE NEW ERA店の運営アドバイス	単発
	チーム千葉ボランティアネットワークの「コミュニケーション研修」講師	単発
2023	「新小岩　商交会まつり」スタッフ育成講師	2015～2019,2022～2023
	「株式会社グローバルプロデュース　リーダー育成業務研修」講師	単発
	「株式会社 日テレイベンツ　アルバイトスタッフ人材育成」講師	単発

あとがき

最後までお読みいただきありがとうございました。

心の底から熱くなるひと時を共に過ごした後輩から「本を書いて！」の想いを受けて書き始めるまで11年かかりましたが、2020年【Nマジック】として歩き始めるタイミングで友人がホームページを作ってくれたおかげで4年間、130個のブログ記事を公開しています。

独りで出来る事はたかが知れています。多くの人の手助けやその分野に長けた人との出会いで「有難い」出来事になるのだと思います。

本文内の「DJ西尾の職歴」として記載した仕事は「なりたい！」と思っていたわけではなく、私と出会ってくれた人に「喜んでもらいたい・楽しんでもらいたい」＝「会えて良かった・また会いたい」と思い続けた言動から生まれた役割だと思います。もちろん、これまでの道のりは順風満帆ではなく「否定・妬み」を受け「もがき・挫折」を味わい、たくさんの失敗もしてきました。

しかしながら、

◆「チャレンジやトライした人にしか成功の喜びや失敗の悔しさを得られない」

◆「悔しさを忘れない事で努力が生まれ、次にトライする事が明確になる」

◆「人は失敗する生き物、でもその失敗を補ってもらう事で感謝を覚える」
◆「体験した事を忘れない事で経験になる」
◆「過去にはすがらずに、今を受け入れる事で喜び溢れる未来が訪れる」

と自己肯定力をアップデートする事で多くの人と出会い「ありがとう」と喜びが溢れるひと時のお手伝いをする「有難い」仕事の役割を頂けています。

次は、この本を読んだ皆さんが「有難い」を感じる番です。

この本に書かれているブログ記事は作り話ではなく、すべて実体験の話なので「わかるな～」「確かに！」「へ～」と共感し、「こんな考え方もアリ」「よし！やってみよう」と明日を迎える楽しみの「きっかけ」になればと思います。

もし「否定・妬み」を受けたり「もがき・挫折」を味わったり「どうしよう……。」と思ったら何度もこの本を読んで「自分の心に栄養」を与えてあげて下さい（笑）

最後に「心の栄養　いつでも、どこでも、だれにでも。プチハッピーは溢れている！」の出版に向けてご尽力頂いた皆さん、私と出会ってくれてありがとうございました。

令和6年9月19日

Nマジック株式会社　代表取締役　西尾光夫

心の栄養　いつでも、どこでも、だれにでも。プチハッピーは溢れている！

2024年9月19日　初版発行

著作　Nマジック株式会社
代表取締役
西尾　光夫
〒120-0034 東京都足立区千住2-50-1
グランフラッツ北千住507

表紙・カバーデザイン　くげなつみ
挿し絵　角田友里香
構成協力　髙野友起子（Nマジック株式会社）

発行所　株式会社　三恵社
〒462-0056 愛知県名古屋市北区中丸町2-24-1
TEL 052(915)5211
FAX 052(915)5019
URL http://www.sankeisha.com

ISBN978-4-86693-981-0